LE SOUPÉ,

OUVRAGE MORAL.

PREMIERE PARTIE.

A LONDRES.

INTRODUCTION.

IL est onze heures du matin.
Un Abbé assez semblable à
une poupée de quatre pieds
de haut, sourit aux dernieres
épreuves d'une brochure de sa
composition. Il s'applaudit d'a-
voir fait une Epitre en vers,
& se promet de la faire servir pour toutes les femmes.
Il la relit avec complaisance ; ordonne à son Laquais
de voler chez son imprimeur,
de faire vite tirer quelques
Exemplaires, & de les lui apporter au Palais - Royal. Il se

a ij

met à sa toilette, cache artistement sa petite bosse dans les plis d'un manteau de soie, est content de lui, & se trouve en état de figurer au lever de quelque jolie femme.

Déja il traverse la rue de Richelieu, quand un déluge d'eau de senteur, dont tout le quartier est parfumé, lui fait lever la tête; il voit avec surprise qu'il est jour chez la Comtesse de... Il monte chez elle; on l'annonce; Vénus lui sourit, il se croit Adonis.

La nouvelle Cypris, rafraichie par un sommeil agréable, & par un bain odoriférant,

avait le teint d'une dévotte.
Elle était parée d'un de ces
deshabillés charmans inventés
par l'amour, & surtout pour
l'amour.

Nonchalamment jettée sur
sa bergere, elle parcourait les
ouvrages de.... L'Abbé eut
grand soin de louer les estampes & le papier; mais il blâma,
comme de raison, l'uniformité
de ton, de coloris, d'idées, qui
caractérise toutes les productions éphémeres de cet Auteur.
Il prit de-là occasion de parler
des siennes, les éleva aux
nues très - modestement, annonça que dans l'instant même

une petite bagatelle faiſait gémir la preſſe, & pria la Comteſſe d'en accepter la Dédicace.
A moi des Dédicaces ! s'écria
la Comteſſe. Oui, Madame,
continua l'Abbé en prenant un
ton mielleux ; les enfans d'A-
pollon que l'intérêt guide portent leur encens aux pieds de
Plutus ; ceux que l'orgueil ou
l'ambition dévore, le préſen-
tent à Junon ; pour moi, qu'a-
nimeſ eul le dieu des cœurs,
je viens l'offrir aux Graces.

Mais ! mais ! ſavez-vousbien,
moncher Abbé, dit la Com-
teſſe, que vous êtes Divin ?
Délicieux ? l'Abbé ne chicana

pas fur les épithetes qu'on lui
donnait, fourit, lorgna le fein
de la Comteſſe & déclama fon
Epître.

EPITRE DÉDICATOIRE,

A MADAME DE....

Je laiſſe le nom en blanc par délicateſſe, dit l'Abbé. Si le vôtre paroiſſait à la tête de mon Ouvrage, mon bonheur me ferait trop de jaloux.

EPITRE.

TOI qu'Hébé, que Cypris verraient avec envie,
Toi qui rends à l'amour ſa premiere candeur,
Toi qui ſais l'embellir des traits de la pudeur,
Chere ame de mon ame! ô ma ſenſible amie!
Accorde à mon ouvrage un ſourire flateur.
C'eſt à toi, non aux Grands que mon cœur le dédie.
Pourraient - ils ajouter à ma félicité?
Ma bouche ſur la tienne a goûté l'ambroiſie,
Tu m'aimes.... je jouis de la divinité!

Je penſe en honneur que vous extravaguez, mon cher Abbé, s'é-
cria la Comteſſe; cette Epître ne

me va pas du tout. Pardonnez-moi, dit le cher Abbé , & pour vous le prouver , faisons en l'analise.

Toi qu'Hébé , que Cypris verraient avec envie ,

Convenez, Madame, que la déité de la Jeunesse n'a pas une peau aussi fraîche , aussi éblouissante que la vôtre. Oh dieux ! quel velouté ! Pour cette gorge, vous m'avourez que si celle de Vénus a besoin d'être soutenue par la ceinture enchantée , celle-ci se soutient d'elle-même ——. Oh ! finissez l'Abbé , on peut faire l'éloge des choses sans les presser.

Toi qui rends à l'amour sa premiere candeur ,

Il est vrai , dit la Comtesse, que je déteste la fausseté : & si jamais je puis me résoudre à dire *j'aime*, rien ne sera plus vrai.

Toi qui sais l'embellir des traits de la pudeur ,

Fi donc ! l'Abbé , ce vers n'est pas

a v

un éloge. Eh ! quelles font les femmes d'une certaine façon qui n'ont pas de pudeur ?

Chere ame de mon ame ! ô ma fenfible amie !

Le premier hémiftiche eft fort ; mais le dernier eft vrai, je fuis l'amie la plus vive ! la plus chau….. Ah ! vous verrez, vous verrez. —Je l'efpere Madame.

Accorde à mon ouvrage un fourire flateur.

Si l'Ouvrage vaut l'Epître, lui & l'Auteur le méritent bien.

C'eft à toi, non aux Grands que mon cœur le dédie.

Pourquoi cela ? Quelle folie ! j'ai quelque crédit, j'en conviens ; mais que pourrai-je faire pour vous ? — Attendez, Madame.

Pourraient-ils ajouter à ma félicité ?
Ma bouche fur la tienne a goûté l'ambroifie,
Tu m'aimes…. je jouis de la divinité!

Arrêtez, Monsieur l'Abbé, arrêtez.
Ces trois derniers vers ne me vont
pas du tout ; & jamais. —Il est vrai,
Madame, que jusques ici ils ne disent
pas vrai ; mais Apollon a le droit de
prédire ; il ne tiendra qu'à vous de
ne point démentir ses oracles ; & de
couronner l'amour le plus pur, le plus
vif ! —O ciel ! que me proposez-
vous ? —Ah, Madame ! pour l'honneur de l'Epître : — Non ! —Au-
riez-vous la cruauté de m'obliger
à en faire une autre. — Comme il
vous plaira ; mais attendez-vous à
la résistance la plus ferme —.
Je ne vous le conseille pas, Madame ; remarquez que je ne suis pas
taillé en athlete. — Finissez, dit
la dame, en profitant de l'avis
qu'on lui donnait, & en ne se dé-
fendant que bien faiblement, finissez donc. —Tout à l'heure. Je n'ai

plusqu'un vers à effectuer. —Je
fonnerai mes femmes. —Vous le
pouvez, Madame, je les brave, je
fuis un dieu ; & l'Epître a dit vrai
d un bout à l'autre. Adieu, Madame,
je fors pour revenir bien vîte mettre
à vos pieds l'hommage dont vous
êtes fi digne.

ENVOI.

*L'ABBÉ va au Palais Royal. Il est abordé par le Chevalier de ***, jeune Mousquetaire, qui lui trouve un air heureux : l'Abbé lui avoue que son air n'en impose point, lui raconte son avanture, & lui nomme son Héroïne.*

*La Comtesse de ***, s'écrie le Chevalier, je la connais, mon ami ; je la connais, nous avons été élevés ensemble. Un jour que*

nous nous amusions à jouer à
Colin-Maillard, nous nous trouvâmes cachés dans le même endroit. Je n'étais pas novice; quoique très-jeune j'associai à nos
jeux l'Amour, qui pour rendre
la partie plus piquante mit son
bandeau sur les yeux de la
Gouvernante de ma petite amie.
De cette avanture la pauvre
enfant fut malade pendant quelques mois : on publia qu'elle
avait été inoculée ; mais on ne
dit point que j'étais le Docteur.
Je me rappelle l'opération avec
volupté, & je ne serais pas fâché
de la réitérer. Que veux-tu mon
ami ? Je suis pour les Inocu-

lateurs ! je tiens à leur syſtême.

Il eſt aiſé de te ſatisfaire, lui dit l'Abbé, voici mon La-quais qui m'apporte la brochure que j'ai promiſe à la Comteſſe; charge-t'en, ne lui parle point du préſent que m'a valu mon Epître; pour prix de ta peine, tu pourrais bien obtenir la même récompenſe. Oh! peſte! la Dame eſt magnifique. Il prit un crayon, & mit ſur la couverture du livre ces mots.

» Une affaire indiſpenſable » m'empêche de remplir mes en- » gagemens, on s'en charge pour » moi «. Le Porteur vous dira le reſte.

Le Chevalier était en chenille, ſon Cabriolet l'attendait à la porte du jardin, il s'y précipite, recommande à ſon Laquais de ne pas le priver du plaiſir de crier ga-a-a-re, vole, arrive, remet le livre, rappelle le jour heureux du Colin-Maillard, veut reprendre ſes droits ; ſa bouche & ſa main qui ſe trouvent en pays de connoiſſance font les progrès les plus rapides.

La Comteſſe eſt eſtaſiée, elle tombe des nues, dit-elle, de revoir le Chevalier, & de le revoir téméraire, de tendre & ſoumis qu'il était. Elle veut le punir par un petit ſoufflet ; le

Chevalier *savait qu'on doit baiser la main qui nous frappe,
il le fit. Il savait qu'on doit
rendre le bien pour le mal, il
le fit. Il savait...... que ne sa-
vait-il pas ? Aussi ! que ne fit-
il point ?*

*Finissez donc Monsieur le
Chevalier, savez-vous que vous
êtes d'une folie qui ne ressem-
ble à rien ? Je ne veux pas
sonner crainte de scandaliser
mes Gens ; mais si jadis l'im-
prudence de ma Gouvernante,
un moment de curiosité de ma
part, beaucoup d'impudence
de la vôtre, firent disparaître
mon innocence, ne vous atten-*

dez pas au même bonheur.——
Je fais bien, Madame, que le
Phénix feul renait de fa cendre.
——Vous ne m'entendez pas. Je
veux dire que vous ne triomphe-
rez pas de moi.——Eh bien, Madame, je vous céderai les honneurs de la guerre. Il eft des
occafions où le vaincu cueille
autant de lauriers que le vainqueur.——Quel homme! il ne
veut rien comprendre.

Les non, les fi volent quelque tems dans l'appartement;
le livre que la belle tient encore
tombe de fes mains, donne le
fignal du tendre combat, fe
perd quelque tems dans une

infinité de falbalas, & fort tout
froiſſé de la tendre mêlée.

La Comteſſe, très-lutinée, ſe
préparait à gronder le Chevalier
de ſon mieux ; mais il était deja
dansl'antichambre. Elle le ſui-
vait en lui criant qu'il était un
étourdi, qu'il ne lui avait pas
expliqué ce que voulait dire
l'Abbép ar ce vers de Grécourt,

Le Porteur vous dira le reſte.

Vous m'excuſerez, Madame,
lui répondit le Chevalier, du bas
de l'eſcalier, j'ai rempli ma
commiſſion ; vous ſavez tout ;
& pour aujourd'hui, le Porteur
n'a plus rien à vous dire.

AVANT-PROPOS.

Du genre & de l'origine de l'Ouvrage.

LE Chevalier s'empreſſa de joindre l'Abbé. Celui-ci était occupé à raconter ſon avanture au Préſident de Perſac : le Chevalier lui fait part de la ſienne. Oh, parbleu, s'écrie le Préſident, l'Abbé a été payé de la Dédicace, le Chevalier a tiré parti de l'Envoi ; je veux aller dire a la Comteſſe, ce qui a donné lieu à l'Ouvrage, &

l'orner d'un Avant-Propos de ma façon. J'ai vu quelquefois la Dame, je lui ai même une obligation essentielle; c'est-elle qui m'a conseillé de mettre de la Poudre à la Maréchalle : je lui ai demandé la permission de lui faire ma cour ; je ne puis trouver un instant plus favorable. Il dit , il part , il arrive.

La Comtesse était à sa toilette occupée à sourire à celle de ses femmes qu'elle honorait de sa confiance , & à désespérer les autres. Le Président, après le premier compliment, apperçoit une Brochure presque ensévelie sous un tas de

rubans & de pompons : il demande ce que c'est. Un Ouvrage nouveau , lui dit-on , il
est intitulé le *Soupé.* ——Ah
je le connais ; c'est l'histoire
d'un Soupé délicieux que j'ai
fait avec quelques filles à la
mode , l'Auteur & un Mouf-
quetaire de mes amis : ils font
auffi tous deux , de votre con-
naiffance—— : Oui, je les connais ; commecela ; affez fuper-
ficiellement ; mais, vous me
furprenez Préfident , quoi !
vous faites des foupers avec
des Créatures , & vous l'a-
vouez ? Voilà qui eft monf-
trueux ! Hélas ! Madame , s'é-

cria le Préſident , en preſſant doucement les genoux de la Comteſſe avec le ſien , pour n'être pas apperçu de ſes femmes , je ſuis bien excuſable ! puiſque je ne m'engage dans des parties ſemblables , que pour oublier une ingrate que j'aime , que j'adore & qui feint de ne pas voir tout l'amour qu'elle m'a inſpiré. ——Mauvaiſe excuſe ! quand on eſt fait comme vous , on triomphe tôt-ou-tard à force de perſévérence , gardons cet entretien pour un autre temps : je ſens que je vous gronderais de votre peu de délicateſſe : je n'en-

tends pas raison là-deſſus : par-
lons de l'Ouvrage de l'Abbé ;
oubliés qu'il eſt de votre ami ;
dites-moi franchement ce que
vous en penſez. Eſt-il paſſable ?
L'Auteur a-t-il évité cette ennuyeuſe ſimétrie, qui annonce
les productions d'un Pédant ?
Le fonds en eſt-il amuſant, va-
rié, c'eſt-à-dire découſu ? L'a-
t-il parſemé de ces traits équi-
voques ſur leſquels une femme
décente peut à ſon choix gliſſer
ou s'étendre en définitions ?
Le ſtile en eſt-il rapide, inégal,
négligé ; a-t-il, enfin, travaillé
en homme du monde, & pour
des gens d'une certaine façon ?

Madame,

Madame , dit gravement le Préſident , je crois pouvoir décider d'un ouvrage d'eſprit : j'ai, dans ma tendre jeuneſſe, mis le Code & le Digeſte en vers burleſques , & je lis toutes les Brochures du jour. Je vous aſſure que celle-ci aura le bonheur de vous plaire. Vous y reconnoîtrez l'empreinte de ce ſiécle agréable qui ſe moque des regles , & confond avec une gentilleſſe ſinguliere tous les genres, tous les ſtyles. Vous louerez l'adreſſe avec laquelle l'Auteur a ſu prendre tous les tons ; celui du Conte , du Ro-

b

man, de la Paſtorale, des petites Piéces Fugitives, du Poëme ſurtout ! voilà ce qui cauſe le plus mon admiration. Il ne faut pas diſputer des goûts. Monſieur Turcaret trouve qu'une trompette marine fait tout l'agrément d'un concert, & jette dans une douce rêverie : je ſoutiens que la Poéſie, ſes portraits, ſon emphaſe, ſon entouſiaſme parent merveilleuſement un ouvrage en proſe. Enfin, vous verrez. Vous croyez peut-être que l'amitié m'aveugle ; je gage une diſcrétion, ma belle Dame, qu'après avoir lu cette Brochure, vous ne pourrez jamais me dire qu'elle espece d'ouvrage c'est.

Comment donc, s'écria la Comtesse, avec admiration, ce sera du délicieux ! —— Oui, du délicieux ; c'est le mot. —— D'honneur, je suis comblée que le petit Abbé ait du talent : l'on pourra du moins s'intéresser à lui. D'ailleurs la mort vient de m'enlever un Serin pour qui je veux qu'il fasse une Epitaphe ; ma petite Chienne est en folie, & je le prierai de faire son Epithalame. Le champ est vaste ! elle est charmante, ma petite Thisbé, & je la marie à Pirame, le petit Toutou de la grande Marquife. Vous le connoiffez ? Mais il faut mettre le tems à profit, & pendant qu'on me coëffe foyez mon Lecteur. ——Moi, Madame ? —— Oui vous. ——Songez, dit le Préfident à demi voix, que vous me mettez dans le plus cruel embarras, nous trouverons des fituations dont la peinture jointe à vos charmes, & à la paffion violente que vous m'avez infpirée..... ne peuvent que me rendre l'homme le plus malheureux..... à moins que vos bontés........ La Comteffe ne répondit rien,

remit en riant la Brochure entre les mains du Préſident, fit
défendre ſa porte, donna une
gimbelette à ſa Chienne, en la
priant de ne point interrompre
la lecture qu'on alloit faire; &
le Lecteur, encouragé par un
coup d'œil flateur, lut le Conte,
le Roman, l'Hiſtoire, le Poëme, enfin ce qui ſuit, & que
vous appellerez comme il vous
plaira.

LE SOUPÉ.

CHAPITRE PREMIER.

Joli Soupé manqué.

Nous étions à la fin du mois d'Août. La chaleur exceſſive de la journée, & une avanture qui m'étoit arrivée la veille, me mettoient de fort mauvaiſe humeur ; j'étois inſoutenable, & je me boudois moi même.

Je ne ſavois pas trop ſi j'irois bâiller dans quelqu'un de nos Spectales, ou lorgner aux Thuilleries, quand je m'aviſai de monter, pour me diſ-

traire , chez le Chevalier de......:
jeune Mousquetaire, vif, enjoué, se-
millant, ne parlant jamais, comme
la plupart de ses camarades , de son
Major , ni des Ecuries de l'Hôtel ;
mais j'avois fort mal pris mon tems ,
il n'étoit pas de meilleure humeur
que moi , & j'arrivai fort à propos
pour ses gens.

Ah ! mon ami, s'écria-t-il dès qu'il
m'apperçut, je suis inconsolable , —
Je le suis aussi ; mais qu'est-ce ? Au-
rois-tu perdu l'argent que tes parens
t'envoyoient pour acheter une Compagnie de Cavalerie ? — Oui ; mais
ce n'est pas ce qui me chagrine. A
propos, qu'as-tu toi-même ? Est-ce
qu'il ne seroit pas question du charmant Abbé à la premiere nomina-
tion ? — bon ! c'est bien ce qui m'in-
quiette L'on fera tôt-ou-tard attention à mon mérite ; d'ailleurs je puis

attendre commodément, n'ai-je pas un bon bénéfice de hasard ?

Qu'appelles tu, me dit le Chevalier, en éclatant de rire, un bénéfice de hasard ? —— C'est le cœur d'une prude qui, voulant arranger en secret les bienséances & ses plaisirs, nous donne la direction de ses affaires. —— Ah ! fort bien ! je comprends. Songe que je suis Chevalier de Malthe, & que je puis posséder des bénéfices aussi bien que toi ; mais apprends moi enfin quel est le sujet de tes chagrins ? —— Le voici ; prends part à mon infortune. Tu connois ma vieille Présidente ? Je l'ai fait voir à tous mes amis comme une curiosité. C'est bien l'antique la plus rare l'ennuyé du triste métier d'antiquaire, je voulus me distraire avec un morceau plus moderne que je lorgnai au Palais.

C'est une jeune Morchande tout-

B v

à-fait aimable. Ses yeux fripons difent aux paffans : « Meffieurs, fi vous » voulez faire emplette d'un joli bi- » jou, entrez ici ; adreffez-vous à » moi, & non à mon mari ».

Je l'aimai le premier jour que je l'a vis, le fecond je lui fis ma dé- claration, le troifieme je lui écrivis un billet conçu en ces termes.

» Je fais, mon bel ange, que votre » mari doit paffer la nuit à la Cam- » pagne : j'irai fouper chez vous, fi » je puis me débarraffer d'une vieille » folle qui m'excede à force de ten- » dreffe. Je ne menerai avec moi que » l'amour, prenez foin de ne garder » auprès de vous que les grâces ».

J'écris enfuite à la Préfidente qu'une migraine affreufe m'empêche d'aller chez elle. Je donne les deux lettres à mon Laquais. Admire mon malheur ! le butor s'enivre ; & comme

(5)

j'ai la prudence de ne mettre jamais
d'adresse sur mes Epîtres amoureuses,
il fait le quiproquo le plus impardonnable, & plus que suffisant pour le
faire chasser, si je lui payois exactement ses gages.

La Présidente reçoit le premier
billet, vient furieuse chez moi, m'accable de reproches ; & dans le tems
que je cherchois à m'excuser, la Marchande, allarmée sur ma santé par
le billet que j'avois destiné à sa rivale,
arrive, & me jette dans le plus grand
embarras : conclusion, mon cher,
l'intérêt l'emporta comme à son or-
naire sur l'amour. Je fus obligé de con-
gédier Hébé pour traiter Cibelle; mais
parbleu je m'en vengeai bien & je lui
fis chere très mince.

Je partage tes chagrins, me dit le
Chevalier; écoute, & tu conviendr
que je suis aussi malheureux que toi.

CHAPITRE II.

Le Chevalier raconte comment il a manqué aussi un Soupé charmant. Tour de vieux Mousquetaire. Projet d'un Soupé plus heureux dans une petite maison.

J'ÉTOIS avant hier à l'amphithéâtre de l'Opéra ; fort ennuyé d'y voir des hommes qui faisoient des efforts inutiles pour ressembler à des monstres, & des petits monstres qui, malgré tout l'art imaginable, avoient à peine figure humaine, j'allois sortir, quand je vis paroître un ange sous l'habit d'une furie.

Je l'avouerai, mon cœur fût frappé. Quel dommage, m'écriai-je, qu'une si belle enfant profane ses belles main

en agitant la torche infernale ! &
qu'elle doit avoir bien meilleure
grace , lorsqu'elle joue avec le flambeau de l'amour !

Un de mes camarades qui étoit
avec moi , s'apperçut de l'impreffion
que la danfeufe faifoit fur mon cœur ;
il me quitta , & revenant au bout
d'une demi - heure ; tranquilife-toi ,
me dit-il , tu verras de près la beauté
qui te charme. Le Duc de .... à qui
elle appartient , ne va pas ce foir
chez elle , j'ai obtenu la permiffion
d'occuper fa place. A dix heures pré-
cifes on portera chez la belle un
Soupé fin , délicat, que je viens de
faire ordonner. Nous humaniferons
la Furie , & nous la lutinerons à
notre tour.

J'eus feulement le tems d'embraffer
mon ami , parce que la danfeufe re-
paroiffoit. La volupté dirigoit fes

mouvemens ; mon ame les suivoit tous , & mon imagination , perçant à travers les vêtemens de l'Euménide, me faisoit voir l'olympe caché sous la livrée des enfers.

Nous nous promettions tous les plaisirs des Dieux , quand le Duc de.... que nous ne connoissions pas, qui étoit derriere nous , & qui avoit entendu tous nos complots , sût bien trouver le moyen de les déranger. Il courut chercher celui de nos Officiers qui étoit de garde à ce Spectacle ; & nous montrant de loin , « Je » vous avertis , lui dit-il , que ces » deux jeunes gens ont formé le des- » sein de se couper la gorge en sor- » tant d'ici : croyez-moi mettez-y » bon ordre en vous assurant d'eux ». Eh , le bourreau ! c'étoit lui qui nous assassinoit.

Notre Officier remercia le Duc ,

obligea mon Camarade & moi de
monter dans une voiture, nous ra-
mena chacun chez nous, où il nous
ordonna les arrêts jusqu'à nouvel ordre ; & nous avons passé, en enra-
geant, cette même nuit que nous
destinions aux délices.

Enfin, je pestois encore ce matin
de grand cœur, quand j'ai vu entrer
chez moi l'Officier qui nous avoit
arrêtés. Il étoit avec mon Camarade ;
il nous a raconté la superchérie du
Duc qui venoit de l'en instruire, en
nous invitant tous trois à dîner. Cet
aimable Seigneur nous a tant pressés
de nous rendre à ses invitations le
plus souvent qu'il nous seroit possible en échange du Soupé qu'il nous
avoit escamoté, nous a priés avec
tant de graces, d'excuser un tour de
vieux Camarade, que nous avons
plaisanté nous-mêmes sur notre avan-

ture. Cependant j'enrage ! voilà une nuit délicieuse que j'ai perdue.

Mon ami, dis-je au Chevalier, en l'embraffant avec tranfport, tu te montres digne de moi. Qu'il eft beau de voir deux jeunes gens fentir le prix du temps, & gémir de le perdre ! C'eft peu de nos regrets ; le Préfident de Perfac m'attend, il brûle de faire connoiffance avec toi, allons lui demander à fouper dans fa petite Maifon : je t'affure que demain le jour en paroiffant ne nous fera pas rougir.

CHAPITRE III.

Preuves d'une vocation très-décidée pour la Robbe. Départ pour la petite Maison. Accidens sur la route. Avanture chez un Commissaire.

L E Chevalier accepta avec transport la partie que je lui proposois. Nous nous jettâmes dans son carosse : il salua fort poliment en sortant, tous les Créanciers qui assiégoient sa porte, & nous arrivâmes bientôt à celle du Président, où j'eus une dispute avec le Suisse qui ne vouloit pas me laisser entrer. Il prétendoit que son jeune maître étoit en méditation ; je lui dis un mot à l'oreille, il sourit, & nous montâmes.

Le Chevalier tâchoit envain d'ac-

corder le motif de notre visite avec
la prétendue méditation du Président.
Persac, à qui je fis remarquer son embarras, lui parla ainsi ; » Je me suis
» destiné toujours à la Robbe. Je
» puis dire, sans vanité, que la na-
» ture m'a visiblement formé pour
» cet état, puisqu'elle m'a donné un
» teint trop frais, trop délicat, pour
» résister aux fatigues de la guerre,
» & des cheveux si beaux, comme
» vous voyez, que ce seroit un meur-
» tre de les cacher dans une bourse,
» où sous un casque.

» Mon pere, qui, par malheur,
» est un dévot à trente-six carats, me
» trouvoit un air trop dissipé, & re-
» fusoit de m'acheter une Charge.
» Une parente de ma mere, vieille,
» & dévote aussi par conséquent,
» qui loge avec nous, & de qui
» j'attends beaucoup de bien, refu-

» foit, par la même raifon, de me
» faire un état, quand le charmant
» Abbé me donna le falutaire con-
» feil de faire le Tartuffe. J'ai ob-
» tenu tout ce que je défirois à
» l'aide de ce perfonnage ridicule,
» que je ne joue que chez moi, &
» dont je me dédommage amplement,
» quand une fois j'ai pris l'effor. Ah !
» vous verrez, vous verrez ce foir ».

Il alloit continuer, lorfqu'on annonça Monfieur de Saint Val. Bon !
dit le Préfident, c'eft un moralifte
qui blâme fans ceffe ma complai-
fance pour les beautés à la mode ;
j'ai envie de l'inviter à fouper à la
Campagne ; là, je mettrai à fes trouf-
fes une petite Créature toute adorable, qui, en le faifant tomber dans
les foibleffes qu'il me reproche, me
mettra pour toujours à l'abri de fes
ennuyeux fermons.

Nous applaudîmes tous à l'idée de Perſac : il donna tout bas ſes ordres à ſon Valet de chambre ; Monſieur de Saint Val entra : le Soupé fût offert, accepté, & nous nous précipitâmes tous quatre dans le caroſſe du Chevalier, en ordonnant aux autres de nous ſuivre.

Nos chevaux alloient comme le vent, notre Cocher frappoit les Paſſans par l'énormité de ſes mouſtaches, & la grandeur de ſon bouquet : les Laquais faiſoient les mines les plus indécentes aux Filles de boutique : deux gros chiens qui couroient devant nous, étourdiſſoient la pauvre infanterie : enfin, tout annonçoit un équipage du bel air. Le Chevalier jouiſſoit des éloges prodigués à tous ſes animaux, quand un maudit Fiacre s'embarraſſa dans nos roues, & fut fracaſſé dans la minute.

Un gros Moine, & un petit Abbé exrtêmement joli qui étoient dans la voiture délabrée, furent mollement étendus dans la boue. Leur Phaéton veut se fâcher, le notre lui administre d'un air de dignité, une volée de coups de fouet ; la Populace nous entoure, le Guet survient, & nous sommes forcés d'aller chez un Commissaire, qui fier de voir arriver si bonne Compagnie, prend tout de suite la morgue de son état.

Il demanda gravement au Religieux qui il étoit. Je suis, lui répondit l'homme au froc, Procureur-Général des . . . . . & ce petit Abbé que vous voyez est mon neveu. Oh ! comme il mentoit ! on va le voir.

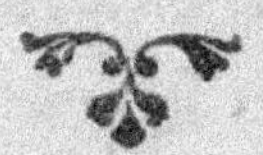

CHAPITRE IV.

Suite de l'avanture chez le Commis-
faire. Accident imprévu qui arrive
au petit Abbé. Le Boulevard.

Le pédant, en robbe, s'adreſſa enſuite à nous, & demanda notre nom,
notre état. Nous le priâmes de nous
diſpenſer de le dire ; nous offrîmes
de payer largement tous les domma-
ges que nous avions cauſés, & ſur-
tout ſes peines, s'il vouloit nous renvoyer ſans entrer dans un plus long
détail : mais il inſiſtoit d'un ton im-
pertinent, quand le petit Abbé, qui
avoit tenu ſon mouchoir ſur ſes yeux,
bien plus pour ſe cacher, que pour
eſſuyer ſes larmes, pouſſa les hauts

cris, se renversa sur le plancher &
accoucha.

Nous criâmes au miracle. La Femme du Commissaire, la Servante, le
Laquais de la maison, le Clerc, les
Soldats, tout s'empressoit de soulager l'accouchée en rabat. Le Commissaire même avoit pris un air com-
patissant, quand tout à coup il fit
changer la scene.

Dieux ! s'écria-t-il, en examinant
de plus près le faux Abbé, que vois-
je ? C'est Manon ! la perfide ! qu'on
la conduise à l'Hôpital.... Quel objet frappe mes yeux ! poursuivit d'un
autre côté la femme du robin subalterne. Elle est avec le Pere ****,
elle n'est que trop coupable ! qu'on
exécute vîte les ordres de mon mari.

Arrêtez ! cruels ! dit le Religieux,
qui jusques-là avoit resté comme fou-
droyé, arrêtez, & respectez une in-

fortunée qui feroit moins criminelle aux yeux du Commissaire & de sa femme, si elle eût voulu écouter les propositions de l'un, & si l'autre ne l'accusoit pas de lui avoir enlevé mon cœur.

A ces mots la scene varia encore. Les deux époux qui étoient si bien d'intelligence pour accabler Manon, s'accablerent eux-mêmes des reproches les plus sanglants. Perfide ! — volage ! — libertin ! — la ruine ! &c. . . . .

Eh bien, oui, poursuivit fierement le Commissaire , en secouant son énorme perruque , & en apostrophant sa respectable épouse , j'ai suivi votre exemple. J'ignorois vos intrigues avec le Moine , mais je m'étois apperçu de vos complaisances pour le Clerc. — Et moi de celles que vous avez pour ma Cuisiniere. Vous

la

la chargez souvent d'une besogne dont je m'acquitterois aussi bien qu'elle.

Oh ! puisque la chose est ainsi , s'écria le Laquais, la Cuisinière est grosse ; mais mon maître peut payer les frais de ses couches , ou la faire épouser à Monsieur le Sergent que voilà : toutes les fois qu'il amene ici quelqu'un , il lui fait la cour, il lui a même donné ce Perroquet , & ce n'est pas pour enfiler des perles.... Suffit je sais ce que je sais. ....

Le bruit augmenta avec le nombre des intéressés. Le Perroquet, enchanté de se voir un des acteurs de l'avanture, répétoit en riant tous les mots qu'il entendoit ; ce qui faisoit un concert plaisamment ridicule.

Nous priâmes malignement Monsieur le Commissaire de nous expédier, & de dresser un procès-verbal bien circonstancié de tout ce que nous avions entendu. Il nous envoya promener, nous le prîmes au mot; & nous volions vers la petite maison, lorsqu'en traversant le Boulevard, nous nous trouvâmes, sans nous en apper- cevoir, engagés dans la multitude des Carosses qui l'embellissoient ce jour-là. Nous nous amusâmes quel- ques temps à considérer l'étourderie à cheval ; le libertinage en robbe de brocard ; la coquetterie ensevelie sous le fard, les pompons, & les dia- mans ; la moderne opulence insulter du haut d'un char traîné par six che- vaux, à l'honnête pauvreté qui ram- poit dans les allées des côtés : mais nous prîmes de l'humeur en voyant qu'il nous étoit impossible de rompre la file.

Une Bouquetiere s'accrocha à l'une de nos portieres, & fut d'abord très-mal reçue ; cependant elle étoit si jolie, elle avoit une petite mine si friponne, elle préfentoit fa marchandife de fi bonne grace, & poliffonnoit fi joliment, en nous l'offrant, que peu à peu nous nous humanifâmes. Nous chifonnâmes fes bouquets & fon mouchoir, nous la priâmes de nous raconter les avantures des femmes qui nous entouroient : volontiers, nous dit-elle, je fuis inftruite, j'ai plus d'un talent , plus d'un commerce, & je commence.

CHAPITRE V.

La Bouquetiere raconte les avantures de plusieurs Nymphes du Boulevard.

Voyez-vous cette Danseuse qui, pour faire croire qu'elle est toujours vive, sautille même dans son Vis-à-vis ? Elle me boude ; elle a raison. Je lui jouai, l'année derniere, un trait sanglant.

Un jeune Seigneur la vit, la trouva assez drôle, voulut l'avoir, chargea un demi-bel esprit, son complaisant, de l'a lui procurer ; celui-ci me donna à son tour cette commission, & me mit de la partie quarrée.

Croiriez-vous que cette petite Princesse fut choquée de se trouver avec moi ? Je lui représentai que s'il y avoit quelque différence entre nous, elle étoit à mon avantage, puisque je vendois journellement des fleurs qui n'étoient point fanées, & que personne ne s'étoit jamais plaint de leurs épines. Elle ne goûta pas mes raisons ; je voulus l'en punir, & j'agaçai si bien le Marquis, que je l'amenai au point de comparer mes charmes l'un après l'autre. Tout bien examiné, j'eus le Marquis, le Complaisant lui resta ; je fus ramenée à la Ville, triomphante dans un char à six chevaux fringants comme moi ; & elle n'eut pour équipage qu'une brouette, à laquelle elle força le demi-bel esprit, si souvent mystifié, de servir de diligence.

Examinez la petite Joujou ; elle est toujours jolie, toujours courue ; cependant ses gens ne sont pas aussi

richement mis que l'année derniere.
Son Carosse est moins brillant. Elle
ne change plus de chevaux tous les
mois : d'où vient cela ? Je le sais bien.
C'est qu'elle a un coup de soleil pour
un Cadet de Gascogne qui la ruine.
Il est vrai qu'elle n'est pas fille à perdre d'un côté sans gagner de l'autre.
Elle met tous les soirs sa bourse à
côté de sa bougie de nuit, & permet
à son amant de prendre deux louis
toutes les fois qu'il lui donne une
preuve sensible de sa tendresse. Ses
amis ont beau lui dire qu'elle est la
dupe du marché , que les habitans de la Garonne trichent à tous
les jeux ; elle répond que les femmes
s'embarrassent fort peu d'être trom-
pées , pourvu qu'elles le soient bien.

Ah ! ah ! la divine Raton n'a qu'une
Remise. On voit bien qu'elle a perdu
son cher oiseau , cet oiseau précieux

qui lui valoit quinze louis par jour,
& une bonne nuit. Vous riez ? Cet
oiseau qui procure quinze louis par
jour & une bonne nuit, vous fait
faire des jugemens téméraires. Ecoutez-moi, & rougissez d'avoir eu mauvaise opinion de votre prochain.

Raton avoit un Perroquet superbe
& très-bien instruit, puisqu'il possé-
doit le jargon des coulisses. Un jour
que la Raton étoit pressée d'avoir de
l'argent, elle s'avisa de faire une loterie de son cher Perroquet. Il est
estimé quinze louis ; le sort décide
en faveur d'un jeune Abbé qui, trop
poli pour vouloir profiter tout seul
de son bonheur, offrit de rendre le
Perroquet à des conditions si honnêtes quelles furent bientôt accep-
tées. On prit goût aux loteries. On
en fit régulierement tous les jours
qui eurent le même succès ; mais

C iv

hélas ! l'inconstante fortune accorda
le Perroquet à un vieux Officier que
la Raton avoit souvent raillé sur son
âge. Il sauta avec empressement sur
l'animal ; & lui tordant le col, il
l'apporta à notre Héroïne, en lui disant malignement, « Mademoiselle,
» je vous le remets dans un piteux
» état ; mais à mon âge cela ne peut
» guere être autrement. J'espere
» que vous ne m'en voudrez point ;
» je suis bien plus à plaindre que
» vous ».

Autres faiseuses de loterie ! voyez-
vous ces deux figures plâtrées qui
remplissent de leur rotondité cette
énorme Berline. Elles étoient, l'Eté
dernier, à Rouen, où elles annonce-
rent que, lassées de leurs diamans,
elles vouloient en faire une loterie.
Leurs Adorateurs s'empressent de
prendre les billets. Elles touchent

l'argent, remettent le jugement du sort au lendemain, partent dans la nuit, & laissent une lettre circulaire conçue en ces termes : » Nous nous » sommes enfermées seules dans notre » appartement ; nous avons tiré la » loterie ; ma sœur a gagné les deux » coliers, moi les boucles d'oreille » & les sultanes. Nous sommes heu-» reuses comme vous voyez. Adieu ».

Bon ! j'apperçois la Baronne de.... avec son mari ; c'est moi qui les ai reconciliés. Je fais quelquefois des bonnes œuvres, comme vous voyez ; témoin celle-ci.

La Baronne vivoit depuis long-tems avec son mari comme s'ils eussent été séparés. Elle n'est pas femme à souffrir patiamment les ennuis du veuvage. Elle me confia ses chagrins, & me pria de lui prêter ma maison pour y voir décemment ses consolateurs. J'y consentis. Je la servis avec tout le zele, toute la discrétion possibles, croyant qu'elle proportionneroit la récompense aux services ; point du tout ! La Baronne qui avoit la fureur des jeunes gens , & qui par conséquent étoit chargée des frais , ne me donnoit qu'un louis par semaine. Je fus piquée. Je résolus de m'en venger : voici comment.

Un jour que la Dame attendoit compagnie chez moi , je courus chez son mari ; je lui dis qu'une femme jeune , jolie , folle de lui , l'attendoit dans ma maison ; il couroit les avantures ; celle que je lui proposois ne l'effaroucha pas ; il vola , & trouva sa digne femme. Furieux , égaré , ne se possédant pas , il l'accabla de reprocher ; & alloit peut - être faire pis , quand l'adroite femelle , tirant tout à coup un grand mouchoir , s'écria

en fanglotant , « Trop cher & trop
» perfide époux ! me voilà donc bien
» certaine des infidélités que tes froi-
» deurs ne m'annonçoient que trop ;
» j'en mourrai ! n'importe ? Je fuis
» enchantée d'avoir recours à cette
» rufe pour me convaincre entiere-
» ment de mon malheur , & me hâ-
» ter de quitter une vie à laquelle
» rien ne peut déformais m'attacher,
» puifque je perds le cœur du feul
» objet que j'adore ».

A ces mots elle fe renverfe fur un
Canapé , fa gorge s'enfle , fes mem-
bres fe roidiffent , fes dents ferrées ne
laiffent échaper avec peine que quelques cris plaintifs , elle refte enfin
fans mouvement.

J'avoue que j'aurois été la dupe
de l'évanouiffement fi, pour me mettre dans fes intérêts , la belle pamée
n'eût gliffé dans mes mains un dia-

mant de prix. Alors mon zele pour
elle se ranima. J'accablai de reproches le mari qui , pénétré d'amour,
de respect, de reconnoissance, se jetta
aux pieds de sa femme pour lui demander pardon de ses égaremens &
de ses infidélités. Je crus qu'il étoit
tems de me retirer. Je regardai à travers la porte , je vis le Baron signer
la paix , & jurer que la Baronne étoit
la plus vertueuse , la plus respectable des femmes, sur ce même Canapé qui avoit été si souvent témoin du
contraire.

A peine l'histoire de la Baronne
étoit-elle finie , que cette Dame salua Persac ; il en rougit , en nous
avouant qu'elle étoit sa cousine. Le
Chevalier le persifla tant sur sa rou-
geur déplacée , que la Bouquetiere
nous proposa de l'en punir, en nous
faisant part d'une avanture qui lui

étoit arrivée avec une femme qu'elle
nous montra dans un Carosse. Le
Chevalier le lui défendit. Nous l'en
priâmes au contraire, & elle nous
satisfit.

CHAPITRE VI.

Le nouveau Débarqué. La fauſſe Généreuſe. Le faux Mylord.

Remarquez bien notre Héroïne, nous dit la Bouquetiere ; examinez comme elle porte fierement ſa tête, comme elle ſait ſe donner un air de grandeur M. le Chevalier, encore jeune, nouvellement débarqué, & novice, puiſqu'il faut trancher le mot, la vit à cette même promenade, la trouva charmante, divine, adorable ; mais ébloui par le brillant de ſon Caroſſe, par la quantité de ſes diamans, il la prit tout au moins pour une Ducheſſe, & n'oſa la lorgner qu'à la dérobée.

La Dame, qui s'apperçut de ſa

bonne fortune , encouragea le Chevalier en le regardant à la faveur de son éventail ; le second jour , elle lui sourit ; le troisieme , elle accepta un bouquet que je fus chargée d'apporter à sa portiere ; le quatrieme , elle lui permit de monter dans son Carosse pour le remercier , & lui fournir l'occasion de déclarer sa passion ; le cinquieme , elle avoua que née avec un cœur tendre , elle n'avoit pû résister aux regards pleins de flamme du Chevalier ; qu'elle s'étoit informée de sa naissance , de ses mœurs , qu'elle en étoit assez contente ; mais que n'étant pas de ces femmes frivoles qui forment un engagement en l'air , elle veut éprouver son Amant avant de se faire connoître. Le sixieme jour , elle demande du tabac au Chevalier ; se récrie sur la petitesse de sa boëte ,

& lui en offre une magnifique qu'il ne veut point accepter.

Enhardie par ce refus, la Dame présente une montre superbe qu'on refuse aussi très-poliment. Il est délicieux, s'écria-t-elle ! est-ce qu'on fait des façons pour des miseres semblables quand on s'aime ? vous verrez que si j'avois fantaisie d'un des bijoux du Chevalier, il feroit le cruel. —Ah, Madame ! que ne suis-je affez heureux pour avoir quelque chose qui pût vous plaire. —Vous seriez enchanté de m'obliger, n'est-ce pas ? Eh bien ! je veux vous procurer ce plaifir. Mes femmes ont oublié de mettre de l'or dans ma bourse, je dois aller jouer, prêtez-moi cinquante louis jufqu'à demain. Quoi ! tout de bon ? Il ne se fait pas prier ? Il est tout a fait charmant ! je les accepte. Adieu, mon cher Chevalier , à demain. Je vois bien qu'il faudra finir par être reconnoiffante , & que la belle réfiftance que j'avois projettée n'ira pas à la huitaine. Eh bien ; voilà les femmes.

Je voudrois pouvoir vous peindre la joie , l'entoufiafme du Chevalier ; il fe figura que les cinquante louis avoient été empruntés pour l'éprouver. Il invita à fouper fes amis , & fes moindres connoiffances, pour leur dire qu'il avoit fait la conquête la plus brillante. Il ne dormit pas. Il épuifa toutes les reffources de la parure , & vola au rendez-vous où la Dame le reçut avec des grands éclats de rire.

Avoue , mon roi , lui dit elle , que j'ai tout l'air d'une femme de qualité. Il eft vrai que je fuis fix mois de l'année dans mes terres ; ici, je fuis ce qu'on appelle une fille. J'ai

un caprice pour toi, viens ce ſoir à
minuit dans telle rue , telle porte
cochere , tel étage , m'apporter la
quittance de ma dette ; je veux m'en
acquiter dans les bras du plaiſir.

Pour cette fois, le Chevalier, de-
venu tout-à-coup plus diſcret, ſe
garda bien de réunir ſes amis pour
leur faire part de la ſuite de ſon avanture. Ce ne fut qu'après bien des ré-
flexions qu'il ſe détermina à la raconter à l'un de ſes parens, & à le
prier de l'aider à ratrapper ſon argent.
Celui-ci y conſentit & en vint heureuſement à bout ; voici commeut.

Il ſe para magnifiquement, monta
dans un Caroſſe ſuperbe , & vola au
Boulevard. Voir la Dame, la lorgner,
lui ſourire, lui envoyer des bouquets,
lui faire demander la permiſſion d'entrer dans ſon Caroſſe , l'obtenir , ce
fut pour lui l'affaire de deux jours.

Notre avanturiere s'empreffa d'af-
fecter une prodigalité qui l'avoit enrichie. Elle préfenta la Boëce & la
Montre qu'elle avoit offerte au Chevalier, y joignit un Flacon fuperbe ,
en faveur de l'accent Anglois
que le faux Amant avoit pris ; mais
elle ne fut pas peu furprife , quand
au lieu de faire cette belle réfiftance
à laquelle elle s'étoit attendue, le
Mylord empocha fes bijoux , & jura,
en très-bon François , de les garder
jufqu'à ce qu'elle eût rendu les cinquante louis qu'elle avoit empruntés
à fon coufin. La fauffe Généreufe
eut beau avoir recours aux mines ,
aux agaceries ; il fallut financer : &
elle jura, fur fa bourfe , de n'avoir
déformais pas même l'ombre de la
générofité.

Le Préfident prit fa revanche , per-
fifla le Chevalier, qui avoua de bonne-

foi avoir été très-novice en arrivant
à Paris; & la Bouquetiere continua.

Admirez, je vous prie, la vanité
de Rosette, qui me regarde par dessus
l'épaule parce qu'elle a un Carosse,
des gens, & des diamans. Ignore-
t-elle que je suis dans l'âge de plaire,
& qu'elle commence à vieillir ? Il ne
me faut qu'un bon moment pour devenir opulente ? Un mauvais quart-
d'heure peut au contraire culbuter
sa fortune, changer son Carosse en
tonneau, & lui faire reprendre le
titre modeste de Ravaudeuse. Les
filles ne brillent pas long-tems, &
ressemblent tout à fait aux fleurs que
je porte. On les a cultivées avec soin
pour les vendre : un manant les a
ceuillies : aujourd'hui un petit Maître
les payera beaucoup plus cher qu'elles
ne valent : demain, graces aux soins
qu'on aura pris pour leur conserver

un reſte de fraîcheur, elles paſſeront
dans les mains d'un Valet de chambre : après demain elles feront jettées
dans la rue, & deviendront le partage de la canaille.

La morale de la Bouquetiere nous
amuſait aſſez ; mais notre Cocher
trouva le ſecret de ſe débarraſſer de
la foule, nous payâmes largement
l'hiſtorien femelle du Boulevard, &
nous arrivâmes en riant à la petite
Maiſon. L'on verra dans le Chapitre
ſuivant quelles perſonnes nous y attendoient.

CHAPITRE VII.

La petite Maison.... Le Bain....
Agréable surprise.

La petite Maiſon de Perſac eſt charmante. Les appartemens en ſont très-bien diſtribués ; tous les meubles y affichent la volupté. On ſent en mettant le pied dans ce ſéjour enchanté, que c'eſt le temple du plaiſir, & l'on eſt dévoré du deſir d'y ſacrifier, dût-on y ſervir de victime.

Un parterre ſimple , mais bien deſſiné , charme l'odorat & les yeux par la diverſité des fleurs dont il eſt orné. Zéphyre y trouve Flore plus belle que par-tout ailleurs , auſſi y ſoupire-t-il plus agréablement.

Deux petits bois toufus bornent

agréablement la vue , & s'opposent aux regards curieux des voisins. Ils semblent annoncer par leur obscurité qu'ils sont destinés aux plus mystérieux des sacrifices. Nous nous enfonçâmes dans celui que nous trouvâmes sur notre droite ; il recéloit un Bassin dont l'eau étoit si claire qu'elle répétoit jusqu'aux plus petites feuilles des arbres qui l'entouroient. » Amis, s'écria le Président, le soleil » va se précipiter dans l'onde , imi-» tons le : peut-être chacun de nous » trouvera-t-il une Thétis qui le re-» cevra dans son sein «.

Le sévere M. de Saint Val goûtoit beaucoup notre partie, il en faisoit l'éloge quand une tente, placée à l'extrêmité du bassin , frappa ses regards. Il s'informa de l'usage auquel elle étoit destinée ; c'est , lui dit Perlac , une conserve où sont renfermés des Poissons très - délicats : j'espere vous en faire goûter. Ils sont si peu difficiles à prendre, qu'ils courent souvent après le pêcheur, & viennent mordre à l'hameçon jusques dans la main.

A peine avoit-il fini de parler, que nous entendîmes donner du cor. Nous tressaillîmes tous sans savoir pourquoi. La tente disparut, & nous laissa voir quatre jeunes beautés dont les charmes à demi cachés dans londe, changerent le bain en bassin de feu.

L'une de ces belles étoit une grande brune, qui en imposoit par son air majestueux ; aussi représentoit-elle Diane dans son bain. Elle étoit taillée en Sabine, & non en Grace ; mais ses attraits, quoiqu'en gros volume, ne faisoient pas moins desirer

à

à tous ceux qui la voyoient de jouer avec elle le rôle d'Endimion.

Les trois Nymphes, qui s'empreſſoient à ſervir la Diane, offroient des charmes plus délicats, plus mignons, faiſoient contraſter, avec ſon air de grandeur, leurs mines enfantines, & partagoient nos hommages.

Quelle fut la ſurpriſe du Chevalier & la mienne, quand nous reconnûmes lui ſa Danſeuſe, & moi ma petite Marchande ? Nous volions à elles ; la Diane, nous arrêtant : « Téméraires, nous dit-elle, ignorés » vous l'hiſtoire d'Actéon ? Vous ap- » prendrez comme je punis les au- » dacieux : bien-tôt les cornes vont » pouſſer de toutes parts » . Elle nous jetta en même-tems de l'eau avec ſes belles mains, de ſi bonne grace, que nous nous apperçûmes bien vîte de la métamorphoſe.

D

Un éclat de rire presque général mit fin au sérieux qu'affectoient nos divinités. « Je connois mieux la » Mithologie que mon Code, leur » dit le Président, la Nymphe des » bois ne métamorphosa Actéon en » cerf que parce qu'il eut l'incivilité » de fuir après avoir contemplé tous » ses charmes : ce sont de ces torts » que les beautés célestes pardonnent » aussi peu que les terrestres. Vous » voyez que nous sommes plus polis, » traitez-nous plus favorablement. » Les Déités tinrent conseil. Le ré- » sultat fut que la divinité leur se- » roit à charge si le plaisir de s'hu- » maniser leur étoit défendu ; & » elles nous tendirent les bras ».

CHAPITRE VIII.

L'attrait du plaisir. Triomphe de la philosophie de Saint Val. On sort du Bain.

L'ATTITUDE de M. de Saint Val étoit extrêmement comique. Il avoit resté immobile depuis l'apparition des Nymphes, les yeux attachés sur elles, & la bouche à demi ouverte, comme pour respirer la volupté, ou laisser exaler le feu qui le dévoroit.

Il s'apperçut, mais trop tard, que Persac lui avoit tendu un piége. Une mauvaise honte l'empêchant de céder, alloit lui faire prendre la fuite, quand le plaisir vint à combattre cette rivale qui, toute foible qu'elle est, ne laisse pas de lui enlever quelques

sujets ; le plaisir se peignit des couleurs les plus vives dans les yeux de
ses Prêtresses ; il soupira , il sourit
sur leur bouche ; il palpita sur leur
sein.

Les feuilles des arbres sembloient,
en s'agitant, répéter plaisir ! plaisir !
le ruisseau qui enrichissoit notre bain
de ses tributs , paroissoit en tombant
de cascade en cascade , peindre le
plaisir aux rives fleuries qu'il arro-
soit ; l'air qui nous entouroit étoit
le plaisir lui même. Enfin M. de Saint
Val céda de bonne grace. Il vola
comme nous pour couvrir de mille
baisers mille charmes différens. Et
le desir, vint son sceptre à la main ,
achever de bannir tous ses scrupules.

Une Coquette bien adroite , est
une enchanteresse qui sait se varier,
qui fait sans cesse éprouver des nouveaux desirs ; tendre , passionnée , em-

portée, voluptueufe, elle réunit les charmes de toutes les femmes ; & l'on croit toujours la voir pour la premiere fois. Telles étoient nos belles.

Nouveaux Protées, elles prirent dans un inftant cent formes diffé-rentes. La derniere nous paroiffoit toujours plus féduifante. Elles eurent vingt caprices ; tous tournerent au profit de l'amour.

Tantôt douces, complaifantes, c'étoient des tendres tourterelles qui frémiffoient doucement de plaifir à l'approche de leur compagne. Tantôt fieres & féveres, elles nous dé-roboient malignement les trois quarts de leurs charmes en troublant l'eau : mais peu à peu l'onde devenoit plus claire qu'un criftal, & les tréfors qu'elle avoit quelques tems cachés, nous paroiffoient plus précieux.

La Diane & ſes Nymphes nous obligerent à nous éloigner. Elles ſe parerent de robes de taffetas roſe, chaufferent des brodequins de la même couleur, chargerent leurs épaules d'un léger carquois, & diſparurent en nous décochant quelques fléches ; les plus dangereuſes ne partoient pas de leurs mains.

Nous cherchâmes vainement nos habits. Nous fûmes obligés de compoſer auſſi notre parure avec des robes, des brodequins, des carquois que nous trouvâmes ſous notre main, & nous courûmes après nos fugitives, bien certains de ne pas tarder à les rejoindre. L'amour devoit ralentir leur courſe, & précipiter la nôtre.

Elles étoient cachées en embuſcade à l'entrée du bois. Dès que nous parûmes elles nous agacerent en nous jettant des fleurs à la tête,

& dirigerent leur courſe vers le Labirinthe pratiqué dans le ſecond
boſquet : on devine aſſez qu'elles
avoient deſſein de nous y attirer.

CHAPITRE IX.

Le Labirinthe .... Plaisante façon
de jouer la Comédie.... On soupe....
Nouveau plan d'amusement.

Nouveaux Thésées, nous nous
enfonçâmes dans le Labirinthe. Nos
Arianes qui avoient projetté de s'y
perdre avec nous, se garderent
bien de nous faire présent d'un
peloton de fil. Le milieu de ce dé-
dale forme un sallon de charmille.
Tout autour sont pratiqués des petits
cabinets parés d'un seul sopha de
gazon, & d'une tapisserie de chevre-
feuil entrelacée avec du jasmin &
des roses.

Nos beautés prirent dans ce séjour
charmant, un air plus mutin, plus

agaçant. Elles se jetterent d'elles-
mêmes sur l'herbe fleurie qui, en se
relevant autour d'elles, sembloit nous
cacher leurs charmes exprès pour
nous inspirer le désir de l'écarter, &
de nous venger en la foulant voluptueusement.

Déjà la plus vive impatience ani-
moit nos regards & nos gestes, quand
la Diane proposa de jouer au Corbil-
lon. L'idée nous parut extravagante,
les Nymphes la trouverent divine,
il fallut ceder à ce nouveau caprice;
heureusement deux rimes, tout au
plus, leur étoient familieres; elles
eurent bientôt épuisé leurs gages.
Persac fut d'une voix unanime élu
Juge. On le couronna de fleurs; &
prenant l'air & le ton qui convenoit
à sa dignité, il ordonna à chacune
de ses clientes de se choisir un second
pour aller méditer avec lui dans

un des cabinets de chevre - feuil.

La pénitence n'étoit pas désagréable, aussi fut-elle acceptée, & exécutée de très-bonne grace. La Diane s'empara de Persac. La Danseuse qui avoit triomphé de Saint Val, voulut jouir de sa victoire, au grand regret du Chevalier. Je riois de son dépit, quand ma petite Marchande le vengea, en lui donnant la préférence sur moi. Je me consolai bientôt avec Mademoiselle Sophie, fort jolie Actrice de Province, qui me fit l'honneur de me choisir pour jouer un rôle tendre avec elle.

Sophie me fit voir qu'elle est pour le moins aussi bonne Actrice sur le gazon que sur les planches. Oh ! qu'elle a les gestes beaux ! que son coup-d'œil est expressif ! qu'elle sent bien le rôle qu'elle joue ! qu'elle sait bien enfin donner de l'ame à la passion !

La toile se leva , & me laissa voir une décoration, dont le fond blanc, mais légerement chamaré de rouge, de bleu, & d'un noir d'ébene, frappoit non - seulement la vue , mais tous les autres sens.

Ma bouche ouvrit la Scene , & en joua une des plus agréables, qui servit de prologue. Sophie me proposa de représenter Zaïre , j'applaudis à son choix. Je crois être Orosmane. Je mets ma vie & mon Sceptre aux pieds de Zaïre ; mais bientôt ma tendresse se change en fureur : je me précipite vers mon amante : le poignard brille à ses yeux, pour disparoître dans son sein : elle s'écrie je me meurs ; je deviens furieux ,... je m'agite , . . . je verse un torrent de larmes amoureuses, . . . & je meurs à mon tour.

Nous donnâmes un peu de relâche

au Théâtre ; mais il fut court. L'Actrice , exacte fur les ufages , voulut jouer une feconde Piéce ; elle choifit l'oracle , pour avoir le plaifir de careffer Charmant , & de le ramener en laiffe fur la Scene.

Echo, ne répeta pendant quelques tems que des tendres foupirs, & des mots confacrés au plaifir ; mais fur un ton d'élégie , & d'un air à nous faire comprendre qu'elle vouloit beaucoup de mal à Narciffe de ne lui avoir pas appris un langage auffi doux.

Après la Comédie , l'on va fouper ordinairement ; nous gagnâmes un Sallon où l'on avoit déjà mis fur table un Souper digne des Dieux, Quatre petits Laquais vêtus en Ganimedes nous fervirent , & nos compagnes n'en furent pas jaloufes. Elles avoient des preuves de notre bon goût.

(55);

Quand des mets délicats eurent
appaisé notre appétit, quand des vins
délicieux eurent un peu ranimé notre vivacité , nous admirâmes le Sallon où nous étions ; il étoit quarré ;
quatre glaces couvroient les façades,
& une cinquiéme formoit le plafond : de sorte que les fruits montés ,
les fleurs , dont les corbeilles étoient
ornées , les bougies , & nos vêtemens
se multipliant à l'infini , faisoient le
spectacle le plus agréable.

Le champagne grimpa au cerveau
de nos compagnes ; elles nous dirent
mille folies ; nommerent tous les hommes , toutes les femmes de la Cour , de
la Ville avec qui elles avoient fait des
parties. Cependant la conversation
alloit languir , quand la Danseuse
imagina de la ranimer , en racontant
chacun à notre tour la façon dont
nous avions vendu , donné , ou laissé
prendre nos prémices.

Dans ce moment nous ne pou-
vions mieux faire. Nous renvoyâmes
nos gens , & la Diane commença
ainſi.

CHAPITRE X.

La vertu de la Diane court des grands risques . . . . On l'attaque . . . . Elle combat. . . . Trait d'avarice de son Oncle.

Je dois le jour à d'honnêtes Normands. A peine avois je dix ans, que ma virginité courut des grands dangers; voici comment. On m'envoyoit à l'école chez une bonne femme. Un vieux libertin qui logeoit dans sa maison, se sentit rajeunir en voyant continuellement passer devant sa porte une infinité de petites filles. Il imagina d'en attirer quelqu'une chez lui; pour cet effet, il fit sur l'escalier une traînée de dragées, qui continuoit jusques dans son appartement.

J'étois paſſablement gourmande. Je trouvois une praline, je la dévorois. Je courus à une ſeconde, une troiſiéme, & inſenſiblement l'appas me conduiſit juſques dans l'antre du Satyre, qui ferma auſſi-tôt ſa porte & m'emporta ſur ſon lit. Je crus qu'il vouloit me donner le fouet, pour me punir de ma gourmandiſe. Je pleurois, je criois, j'allarmois la maiſon, & l'on vint arracher la colombe innocente d'entre les griffes du vautour. Autant que je puis m'en ſouvenir, il étoit tems.

Cette avanture, à laquelle je réfléchiſſois en grandiſſant, me donna de l'averſion pour tous les hommes. Je touchois à ma vingtiéme année, & je n'avois pas encore prêté l'oreille à la plus petite douceur. Un de ces papillons, qu'on diſtingue des autres par un petit collet, me trouva charmante , divine ; il me fit d'un ton doucereux les propofitions les plus impertinentes ; mais la Déeffe qu'il encenfoit , le repoufa bien loin de fes Autels.

Un Adonis en robe , étala enfuite près de moi tout fon mérite , c'eft-à-dire celui que fon Baigneur , fa Bouquetiere & fon Parfumeur lui donnoient. Ce fut en vain. Il ne peut jamais fe mettre en bonne odeur au-près de la cruelle.

Un jeune Mars fe laiffa encore vaincre par mes charmes. Il faifoit tous les jours défiler fon Régiment fous mes fenêtres, dans l'efpoir d'être mon vainqueur à fon tour. Mon cœur n'en devint pas plus martial. Bien loin de m'engager au plus petit combat , à la moindre efcarmouche ; les armes du Colonel me firent tou-jours peur.

Enfin, les maris me citoient à leurs femmes, les peres à leurs filles. J'étois ce qu'on appelle un dragon de vertu. Mais hélas ! ma fortune m'apprit, en se délabrant, combien il est difficile d'être indigente & vertueuse. Mon pere & ma mere moururent, & ne me laifferent pour tout bien qu'un procès, dont le fuccès devoit pour toujours décider mon fort. Je le perdis ce malheureux procès ; & je fais, à n'en pouvoir douter, que le fecond de mes adorateurs n'y avoit pas peu contribué. On n'eft pas impunément plaideufe & cruelle.

Une feule reffource me reftoit. J'avois un Oncle Curé à quelques lieues de la Ville. Je lui écrivis une lettre fort touchante, pour lui peindre ma fituation, & les dangers que couroit ma vertu ; je lui marquois que mon deffein étoit de m'entretenir honnêtement avec l'ouvrage de mes mains. Je finiſſois par le prier de me prêter cinquante piſtoles, qui m'étoient abſolument néceſſaires pour mille petites avances.

Mon Oncle reçut mon commiſ-ſionnaire avec des grandes démonſ-trations de joie, jura mille fois qu'il voudroit pouvoir trouver l'occaſion de m'être utile ; prit la lettre avec empreſſement, & la dévora ; mais quand il fut à l'article eſſentiel, ſon viſage s'allongea, ſon front ſe rida, ſon air gracieux diſparut, il frotta ſouvent ſes lunettes, & eut recours, pour éluder ma demande, à l'expé-dient le plus ridicule dont un avare puiſſe s'aviſer.

Il ſubſtitua, en liſant ma lettre, le mot de *piſtolets* à celui de *piſto-les*. Son Vicaire, ſon Clerc, ſa Gou-vernante même, ſe récriant ſur la

singularité de l'idée, eurent beau lui
dire que je lui demandois cinquante
pistoles, qu'il n'y avoit pas moyen
de s'y méprendre, que le mot *pisto-*
les étoit écrit bien lisiblement, &
mieux ortographié que le reste de
la lettre ; il se fâcha, il leur soutint
qu'ils ne voyoient pas clair ; &
poussant mon commissionnaire par
les épaules : » Mon ami, lui dit-il,
» d'un grand sérieux, il faut que ma
» Niéce ait perdu l'esprit, pour ima-
» giner de m'emprunter cinquante
» pistolets. A moi ? à un Prêtre ? Elle
» ignore sans doute que nos Supé-
» rieurs nous défendent les armes à
» feu. Adieu, va vîte lui dire que
» je suis bien fâché de la refuser,
» je ne puis lui offrir qu'une vielle
» carabine rouillée qui n'a pas tiré
» depuis trente ans.

CHAPITRE XI.

La Diane cede. Fin de son Histoire. Commencement d'une autre.

La réponse de mon Oncle, dit la Diane, me jetta dans un découragement toujours fatal à la vertu. Une fille entretenue que j'avois regardée jusques-là comme la plus vile des créatures, ne me parut plus qu'une infortunée qui, n'ayant pas assez de force pour résister au dédain dont on accable la pauvreté, se sacrifie à l'orgueil de son siécle.

Que les hommes sont injustes, me disois-je ! Si l'on pardonne aux femmes qui cédent à l'amour, au desir, à l'attrait du plaisir, même à la simple curiosité; combien d'indulgence ne doit on pas aux malheureuſes qui, avec les mêmes raiſons pour faire un faux pas, ſont encore entraînées dans leur chute par le poids de la miſere; leurs beſoins multipliés les rendent bien plus excuſables.

Chaque bijou, chaque parure que je voyois à nos beautés à la mode, me faiſoient dédaigner la vertu qui ne donne point, & applaudir au vice qui les prodigue.

Mon cœur étoit dans cette ſituation critique, quand un vieux uſurier qui, de derriere un caroſſe avoit ſauté dedans, en évitant adroitement la roue, me vit à ma fenêtre, & dit en frappant ſur ſon énorme ventre : Voilà une poulette de qui je ſerai bientôt le renard. Il met en conſéquence dans ſes poches tous les bijoux que leurs premiers maîtres n'avoient pas retirés au tems preſ-

crit, & monte chez moi en me disant : « Mademoiselle, j'ai calculé
» vos attraits, il valent tout au
» monde, ou Barême est faux. Je
» viens vous prier de m'en ceder la
» jouissance. Je vous donnerai de
» bons nantissemens, & vous paye-
» rai un gros intérêt.

Mon premier mouvement fut de
rire à gorge déployée de la masse
énorme, de l'air ignoble & stupide
de mon nouvel amant ; mais, en
gesticulant, il étala un diament superbe, & je lui trouvois la main bien
dessinée ; du moins l'avoit-il bonne,
le Public en savoit quelque chose.

Il tira successivement de sa poche
plusieurs montres, un écrin bien garni ; ses manieres me parurent nobles
& distinguées.

Il m'offrit brusquement la moitié
de sa fortune ; son esprit me frappa
par sa solidité.

L'on fait que les bijoux font fur les femmes l'effet de la tête de Méduſe. Je me trompe ! la tête de la Gorgone métamorphoſoit en pierre, & les bijoux attendriſſent, au contraire, les cœurs de rocher. Enfin, que ma comparaiſon ſoit juſte ou non, la bague, les montres, & ſur-tout l'écrin me changerent prodigieuſement. Ma bouche accoutumée à dire toujours, non, ne prononça plus ce mot devant mon adorateur, crainte de ſcandaliſer ſon opulence, ou le fit ſur un ton qui vouloit dire oui.

Mes bras, qui avoient toujours ſéverement repouſſé un téméraire, me trahirent juſqu'au point d'embraſſer amoureuſement le favori de Plutus, qui devint bientôt celui de l'Amour : quand on a la protection du premier, on eſt toujours fêté ſur les terres de l'autre.

Concluſion.

Conclusion : nous fîmes le nouveau Midas & moi un échange de nos bijoux ; & sûrement je gagnai au marché, puisqu'au bout de quelques minutes tous me resterent.

Nous félicitâmes l'Héroïne de l'histoire, sur la perte de son procès. Persac demanda silence. J'étois, nous dit-il, dans ma seizieme année. Mon Précepteur s'étoit retiré avec un indult, & je cherchois à profiter de ma liberté ; mais avec qui ? Les femmes de ma mere n'étoient pas jolies, & ses amies étoient presque toutes vieilles.

La seule Madame d'Arsinoé me paroissoit digne de mes attentions ; elle étoit parvenue à cet âge où les femmes plus belles que jolies sont plus dangereuses pour un jeune homme ; son air de fraîcheur, son embonpoint me séduisoient. Mon cœur impatient sembloit vouloir m'échaper toutes les fois que je la voyois. Je l'adorois ; mais comment oser le lui dire ? Elle ne mettoit point de rouge, on ne la voyoit pas au Spectacle, au Bal, sur les Boulevards, au Waux-Hall. Elle n'avoit plus la fureur des grands Laquais ; elle étoit dévote enfin ! & joignoit à cette réputation celle d'adorer son mari.

Un jour, comme je rêvois au malheur que j'avois eu de m'attacher précisément à la femme la plus vertueuse, la plus rigide sur ses devoirs, ma sœur entra dans mon appartement avec cet air enjoué que donne l'amour satisfait. Elle avoit depuis peu épousé un jeune homme charmant, qu'elle aimoit avec passion. Je la félicitai sur son bonheur en soupirant, je lui fis part de mon amour,

je lui nommai le trop respectable
objet de ma tendresse, je lui peignis
mon embarras ; un grand éclat de
rire fut sa réponse.

J'allois me fâcher, quand ma sœur
m'apprit que si Madame d'Arsinoé
affectoit tant de dévotion, & tant
d'empressement pour un mari en-
nuieux, malade imaginaire, c'étoit
pour tâcher de faire oublier quelques avantures galantes qui avoient
un peu trop éclaté. Elle poussa la
complaisance jusqu'à me faire remarquer mille petites avances qu'on
m'avoit faites. Je la remerciai, je
me parai, je pris un air conquérant,
& je volai chez Arsinoé sur les aîles
de l'espérance.

CHAPITRE XII.

La dévote charitable. Le malade imaginaire.

D'ARSINOÉ, continua Persac, étoit seule dans son cabinet lorsque l'on m'annonça. Enfin, me dit-elle, en me tendant la main, vous profitez de la permission que je vous ai donnée & vous venez me voir. Vous êtes bien sage. J'ai la migraine, vous seul me suffirez pour me distraire, & je vais faire défendre ma porte. Je ne veux point que vous m'ayez obligation de cette faveur; mais savez-vous que je ne l'accorderois pas à tout autre jeune homme? Ils sont si hardis, si téméraires, si entreprenants; ils ont si mauvaife opinion de la vertu des femmes, qu'on s'expofe beaucoup, je dis beaucoup, en reftant tête-à-tête avec eux. Pour vous, je vous admire, vous êtes le jeune homme le plus modefte, le plus...... oh ! tenez, ajouta-t-elle, en foupirant, & en paffant l'une de fes mains fur mes yeux, foyez tout-à-fait fage, & ne me regardez pas fi tendrement ; vous allarmez ma vertu.

Cette même main, douce, potelée, bien deffinée, avec laquelle on prétendoit vouloir fermer mes yeux, acheva de les ouvrir fur la conduite que je devois tenir, & par reconnoif-fance je la couvris de mille baifers.

Oh Ciel ! s'écria Arfinoé. Mais, mais, Perfac, Perfac, y penfez-vous ? Savez-vous bien que vous me fur-prenez ? Je ferai obligée de vous gronder, ou de vous renvoyer ;.....

non ! je n'en ai pas la force, vous n'êtes qu'un enfant, je sais un moyen sûr pour vous contenir. Voici l'heure à peu près que j'employe à une lecture pieuse, soyez mon lecteur. Elle tira en même tems un rideau, découvrit une fort belle bibliothéque, & me dit de choisir. Je ne répondis rien. Mais regardant avec dédain les livres, je jettai un coup-d'œil tendre sur le canapé qu'Arsinoé abandonnoit. Je soupirai...... elle soupira aussi..... & tachant de déguiser son trouble sous l'air le plus grave, elle me fit ce pieux sermon.

Mon cher Fils, l'amitié qui m'unit à Madame votre mere & à vous, fait que je m'allarme sur votre compte. Vous êtes jeune, sans expérience ; je vois bien que vous vous laissez aisément entraîner par l'attrait des plaisirs ; & dans ce siécle pervers il est tant de femmes perdues, qui se font gloire d'attirer la jeunesse dans leurs filets. Thémire, par exemple.

On voit tant de fausses prudes qui affectent une rigidité outrée, & ne demandent pas mieux que débaucher les jeunes gens. Orphise, Cloé, ont cette passion damnable.

Vous trouverez des femmes qui n'oseront pas tout-à-fait vous faire une déclaration ; mais qui, en vous dévorant des yeux, vous loueront sur la fraîcheur de votre teint, que vous avez effectivement beau ; sur l'élégance de votre taille, qui est réellement bien prise ; & tout cela pour que, flatté de leurs louanges, vous fassiez de votre côté attention à leurs attraits, & que vous en fassiez l'éloge..... Dieu sait comment !

Ah ! Madame, répondis-je avec vivacité, que votre discours est touchant ! presque autant que vos char-mes ! Il est un moyen de me dérober aux dangers que votre amitié vient de me faire envisager , c'est celui de m'attacher à une femme, dont la conduite sage, dont les sentimens délicats me serviront de guide en faisant mon bonheur ; comme vous êtes à mes yeux la femme la plus vertueuse, la plus respectable, souf-frez , que pour éviter les dangers dont vous m'avez menacé , je me jette dans vos bras . . . . . je le fis en effet , & déjà Arsinoé perdoit l'envie de moraliser , quand un bruit que nous entendîmes à notre porte arrêta mes progrès.

C'étoit le mari d'Arsinoé. Il pa-rut , sa femme l'accabla de caresses, & fit voir tant d'inquiétude sur sa santé , que je la crus fâchée de s'être exposée à lui manquer. Bientôt ces

mêmes careſſes & ces mêmes inquiétudes me raſſurerent en augmentant.
Les deux époux jouerent une ſcene
qui cadreroit aſſez avec le caractere
du malade imaginaire de Moliere,
& celui de ſa femme.

La nouvelle Béline regarda quelques tems ſon mari avec chagrin, &
lui dit d'un ton mielleux : Queſt-ce,
mon chaton? qu'avez-vous? —Quoi!
qu'eſt-ce, ma chere femme, reprit
le moderne Argan, d'un air troublé;
vous me trouvez pâle, n'eſt-ce pas,
ma chere petite femme ? — Ah !…
un peu. — Eh, bon Dieu ! je ſavois
bien que j'étois malade ; mais très-
malade. —Oh ! ne vous troublez pas,
mon cher ami, ce ne ſera peut-être
rien. — Vous me flattez toujours,
ma chere ; dites - moi la vérité : je
gage que j'ai la fievre. —Voyons….
un peu, puiſqu'il ne faut pas men-

tir. Et la tête ? n'y fentez-vous pas des douleurs ? —Oh ! des douleurs très-vives , comme à mon ordinaire ; je n'ofe pas me plaindre , parcequ'on m'accufe d'être un malade imaginaire ; vous favez pourtant bien le contraire , ma poulette. —Affurément , mon fils ! mais vous n'aurez pas plutôt dormi fept à huit heures , que vous vous trouverez foulagé. Eh ! Dumont , couchez bien vîte votre Maître. Allez , allez , mon petit ; je vous avoue que je ferai plus tranquille quand je vous faurai dans votre lit.

Le mari , dupe des careffes & des inquiétudes de fa femme , alla fe coucher ; je repris la place qu'il m'avoit fait abandonner. Et pour engager fa tendre , fa vertueufe époufe à m'enlever aux femmes mondaines, je priai , je preffai , j'expofai mes befoins.

CHAPITRE XIII.

Le Président acheve de raconter son avanture. La Danseuse commence la sienne. Les vers à soie.

ARSINOÉ, poursuivit le Président, avoua que j'étois pressant. Que voulez-vous faire ? me disoit-elle, d'une voix entrecoupée. —Mon bonheur. —Y pensez-vous ! —Très-bien ! —Mais mon mari ? —Il dort. —Quoi ! quand je l'adore : —Je m'en suis apperçu. —Vous voulez que je lui fasse l'affront le plus sensible ? —Sa tête n'en sera pas plus malade. —Non ! je ne céderai jamais à vos instances. —La charité vous y oblige. —Le monde qui interprête mal les actions les plus méritoires, ne manqueroit

pas de blâmer mon zele ; —Il n'en
faura rien. —Aſſurément? —Aſſurément ! A ces mots, la pieuſe, la charitable Dame prit un air recueilli,
ferma modeſtement les yeux, s'arran-
gea dévotement ſur le Canapé ; &
ſe réſigna.

La vertu d'Arſinoé voulut encore
balbutier quelques paroles ; mais ce
fut en vain. Ce mouchoir qui cachoit une gorge d'albâtre à tout regard profane, & que la décence
même avoit arrangé, fut chiffonné
par les folâtries déités de Cythere,
& leur ſervit d'étendard pour défier
& appeller au combat les ſcrupules.
On les aſſiégea juſques dans le dernier
de leurs retranchemens, & le plus
opiniâtre, en expirant ſous le trait
toujours vainqueur de l'amour, s'é-
cria le ſecret.... le ſecret....le....
ſe.... cret.

Le Préfident fe tut. La Danfeufe commença ainfi. Je n'avois pas quinze ans , & cette fleur que ma mere m'avoit laiffée pour tout bien , étoit déjà en état d'être cueillie. Que dis-je , une fleur ? ce n'étoit encore qu'un bouton , entouré de quelques épines à la vérité , mais fi foibles ! fi foibles ! qu'on pouvoit aifément braver leur piquure.

Nombre d'amateurs s'offrirent pour le cueillir. La Jardiniere n'étoit pas intéreffée , & l'auroit donné pour une poignée de bonbon , pour rien même ; mais ma fœur , qui depuis longtems n'étoit plus une fleurifte à la mode , voulut tirer parti d'un parterre qu'elle avoit entretenu pendant quatorze ans , & en taxa les prémices a cinquante louis : ç'étoit trop pour le pays où nous étions. Auffi mon impatience me fit-elle bien fentir combien il y a de différence du Pactole à la Garonne.

Mon âge, la chaleur du climat, l'exemple de mes camarades, tout me faifoit enrager contre le peu de fortune des Languedociens, ou l'avarice de ma fœur; quand une avanture qui arriva à un jeune Danfeur de mes amis, & qui me mit à portée de juger de fon mérite, acheva de poufler ma patience à bout.

Rigaudon, c'eft le nom du Danfeur, logeoit avec ma fœur & moi, chez deux bonnes vieilles qui, réguliérement toutes les années, élevoient des vers à foie; nous étions dans la faifon où l'on les fait éclore. Chacune de nos hôtefles avoit placé dans fon fein un paquet de graine. Rigaudon fe chargea, en plaifantant, d'un troifieme. Trois jours après, il folatroit avec moi, il ne fongeoit plus qu'il y eût , ou qu'il dût y avoir des vers à soie sur la terre , quand il sentit par tout son corps des démangaisons insupportables.

Il entrouvre sa chemise , il se voit , avec surprise , couvert d'une infinité d'animaux presque inperceptibles. Il peste , il jure , il crie ; au bruit qu'il fait , les hôtesses arrivent , regardent , font éclater leur joie , prient Rigaudon de ne pas s'impatienter , le portent sur mon lit , & le mettent , en un moment , nu comme l'Amour. Il n'étoit pas aveugle comme ce Dieu ; mais il avoit sa beauté , sa jeunesse & ses armes.

CHAPITRE XIV.

La Danseuse croit voir toute la nuit des vers. L'Amour a pitié de ses maux.

Qu'on se représente, ajouta la Danseuse, l'empressement de mes hôtesses à recueillir les petits vers, & mon air curieux : qu'on se peigne les bonnes femmes avec des lunettes, & moi sur-tout sans lunettes, arranger des feuilles de mûrier sur le corps de Rigaudon : qu'on se peigne encore les mines qu'il faisoit, & l'on conviendra que le tableau étoit plaisant.

J'avoue que les petits vers ne furent pas ce qui m'occupa le plus. Je crus voir toute la nuit Rigaudon couvert de feuilles, & quoi qu'elles fuſſent très-petites, je me plaignois de leur largeur ; quand l'Amour qui voit d'un œil compatiſſant le chagrin des jeunes filles, & ne les cauſe que pour avoir le plaiſir de les appaiſer, conduiſit bon matin Rigaudon dans ma chambre. Ma ſœur étoit ſortie.

Dès que mon amant ſut que j'étois ſeule, un rayon d'eſpérance l'enflamma. Il s'avance en tremblant vers mon lit, ſon cœur palpite, il craint de m'éveiller, il ſe contente d'admirer ; & pour admirer un plus grand nombre de tréſors, il leve tout doucement une légere couverture qui cachoit la moitié de mes charmes.

Il voit une gorge encore veſtale, qui avoit fait lorgner & ſoupirer plus d'une fois le caſque & la robbe. Il voit un pied mignon, une jambe

déliée , & les alentour d'un genou
arrondi par l'Amour qui , malgré
un caleçon trop importun , avoit
fouvent arraché des applaudiffemens
au parterre. A la vue de tant de
charmes , Rigaudon perdit la tête.
Il prit le lit pour un Théâtre ; &
voyant la toile levée , il lui parut
tout fimple de s'élancer pour exécuter un pas de deux avec fa Danfeufe favorite.

Je m'éveillai toute troublée. Je
repouffai d'abord le téméraire ; mais
le reconnoiffant ; ah ! Rigaudon, lui
dis-je , eft-ce toi..... arrête..... tu
eft fourd ! Ah mon cher.... tu me
perds.... que dira ma fœur.... ca-
pitulons ; tu n'a pas cinquante louis ?
hélas ! la fortune trop injufte ne t'a
pas traité favorablement ; l'amour ré-
parera fes caprices , je te le promets.
Differe encore ton bonheur & le

mien. La fleur que tu chéris t'en sera-t-elle moins précieuse pour être un peu plus épanouie ?

La Danseuse s'interrompit à ces mots pour nous demander un verre de ratafia. Nous étions tous impatients de savoir si Rigaudon avoit entendu raison ; sa maîtresse nous faisoit enrager par sa lenteur. Nous la priâmes de se presser. Elle répondit qu'elle aimoit à savourer tous les plaisirs.

CHAPITRE XV.

*Fin de l'avanture de la Danseuse.
M. de Saint Val raconte son histoire, sa naissance ; il devient
amoureux.*

LA Danseuse se plaignit de la force du ratafia qu'on lui avoit donné,
fit une petite grimace, en demanda
un second verre, & reprit ainsi son
avanture.

Rigaudon ne goûta pas ma pro-
position, toute raisonnable qu'elle
étoit. Il pleura, je m'attendris. Il
m'embrassa, je n'eus pas la force
de le repousser. Il me fit un baiser,
je le lui rendis. Avez-vous jamais vû
un papillon auprès d'une fleur ? il
voltige autour d'elle, approche peu

à peu , se repose sur son sein , perce son calice , s'enyvre du suc le plus pur , & fuit à tire d'elle. C'est l'histoire de Rigaudon , c'est la mienne.

Nous complimentâmes la Danseuse fleuriste sur la perte d'un trésor, que nous la soupçonnions presque de n'avoir jamais possedé. M. de Saint Val prit un ton sententieux , nous demanda la permission d'être un peu long , & débita avec emphase ce qui suit :

Je vous avouerai d'abord , avec ingénuité, que j'augmentai en naissant le nombre des petits indiscrets, qui viennent au monde mal-à-propos. Je fus pendant quelque tems ce que les gens polis appellent un enfant de l'Amour. Point de raillerie sur cet article , s'il vous plaît ! Soyez prudents , si vous n'êtes sinceres , tel croit devoir le jour à Amphitrion qui a cette obligation à Jupiter , & peut-être même à Sofie.

Zulince , jeune Demoiselle d'une famille diftinguée , ayant perdu fes parens , fut conduite à la Cour par la néceffité d'y folliciter une grace. Elle l'obtint aifément , parcequ'elle portoit une de ces figures à qui tout le monde eft forcé de s'intéreffer , & qui en impofe même à la fatuité des Comis.

La belle Provinciale comblée des faveurs de la Cour , alloit l'abandonner fans y avoir fait un feul heureux. C'étoit pêcher contre l'ufage. Un jeune Colonel qui l'avoit fervie avec beaucoup de zele fut y mettre bon ordre.

Il monte chez Zulince , avec cet air heureux & conquérant qu'il avoit puifé dans les Boudoirs de toutes les femmes à la mode , il fait la peinture d'un amour qu'il ne sentoit pas, jure qu'il mourra si l'on ne lui accorde le plus tendre retour, devient entreprenant, ravit quelques légeres faveurs ; plus prudent qu'Annibal, il ne se livre qu'en passant aux délices de Capoue, & marche droit à Rome. Je dois le jour à la rapidité de ses conquêtes.

Malgré mille précautions, ma naissance s'ébruita. Toutes les femmes se récrierent en public sur la foiblesse de Zulince, & firent en secret tous leurs efforts pour rendre mon pere inconstant. Elles n'eurent pas de peine à y réussir. Ma mere, qui ne sut pas se consoler par un autre perfidie, courut, avec le titre & les ennuis d'une jeune veuve, s'enterrer dans une Province, où je languis jusqu'à l'âge de seize ans, sans m'appercevoir que j'avois un cœur.

Une jeune beauté, qui suivit sa Tante dans un Château voisin du nôtre, me fit bientôt faire cette précieuse découverte.

Je n'entreprendrai point le portrait de Minette, c'est le nom que nous donnâmes à notre aimable voisine : il me suffira de vous dire qu'elle avoit quinze ans, qu'elle étoit faite de façon à donner de la jalousie à toutes les femmes, & des desirs à tous les hommes. Chaque jour, chaque heure, chaque instant, une grace nouvelle l'embellissoit, & augmentoit ma tendresse.

CHAPITRE

CHAPITRE XVI.

Songe moral de M. de Saint Val.

UNE nuit, continua gravement M. de Saint Val, comme je rêvois délicieusement de Minette, je crus voir entrer dans mon appartement deux femmes. L'une étoit grande, bien faite ; son ton & son air majestueux inspiroient le respect ; ses regards étoient fiers, pleins de noblesse, quoique agréables. L'autre plus douce, plus affectueuse, avoit la taille moins imposante, la démarche plus nonchalante, le son de voix plus flatteur. Toutes deux me regardoient avec bonté. J'allois leur demander qui elles étoient, lorsque la premiere m'interrompit, & me parla ainsi.

» Je suis la Vérité ; ma compagne
» est la Délicatesse. Du moment que
» vous vîtes le jour , nous formâmes
» la résolution de faire votre bon-
» heur. Pour cet effet nous vous
» destinons à Minette , dont nous
» avons dirigé l'éducation. Nous
» vous répondons de la pureté de
» son cœur. Des nœuds formés par
» les mains de la Vérité & de la
» Délicatesse , vous sont garants de la
» félicité la plus pure.

Pénétré de reconnoissance , j'allois
embrasser mes protectrices , quand
un enfant s'offrit à mes regards. Il
avoit l'air , la taille & l'extérieur de
l'Amour , il étoit même paré de tous
ses attributs ; c'étoit le Plaisir.

Il donnoit , en souriant , la main à
une Amazonne , dont l'aspect fit
frémir la Délicatesse & la Vérité :
pour moi , je fus au contraire en-

chanté de toute sa personne. Elle
avoit un air si enfantin, des graces
si séduisantes, des propos si flatteurs,
que mon cœur fut dans un instant
rempli de son image. « Volez dans
» mes bras, jeune homme, me disoit-
» elle ; abandonnez ces deux Fées,
» elles tyrannisent les cœurs qu'elles
» protegent. Volez sur mes pas ;
» suivez cet aimable Enfant, nous
» vous procurerons une félicité tou-
» jours nouvelle auprès des femmes.
» Le Plaisir est leur divinité favorite ;
» & toutes me reverent si fort, qu'elles
» m'élevent un autel dans leur ap-
» partement, pour y consacrer à
» mon culte les trois quarts de leur
» vie ».

Je ne pus résister à des promesses
si flatteuses. J'allois échaper à mes
protectrices, peut-être pour toujours ;
la Vérité s'élança sur l'Amazonne,

lui arracha un masque à qui elle devoit tous ses attrais, & me fit voir un petit monstre moitié mâle & moitié femelle. C'étoit l'Art qui, cachant son dépit sous un air dédaigneux, jura de me punir de l'affront qu'il essuyoit. La Vérité & la Délicatesse me promirent d'opposer leur puissance à ses coups. Le petit Dieu ne dit rien ; mais il me décocha un de ses traits : tous quatre disparurent, & je m'éveillai.

Nous éprouvons les impressions d'un songe longtems après sa fuite ; en effet, je sentis réellement en m'éveillant le trait du plaisir ; tel qu'une jeune victime du célibat & de l'amour, qui, ayant trouvé dans les bras du sommeil un remede à ses maux, nage longtems après son réveil, dans un torrent de délices, & savoure à longs traits les suites

voluptueuſes d'un amoureux délire.
Mais hélas ! bien moins heureux
qu'elle , j'avois apparemment ſécoué
trop tôt les pavots de Morphée , &
le trait enflammé n'avoit encore fait
paſſer que le trouble & le deſir dans
tous mes ſens.

Peignez-vous un aigle qui , atteint
d'une flêche , & faiſant des vains
efforts pour s'en débarraſſer , irrite
ſa douleur en croyant la ſoulager ,
frémit de rage , prend l'eſſor , fond
ſur la toiſon d'une brebis innocente ,
& l'immole à ſa rage ; vous aurez
une légere idée de l'état où j'étois ,
& des motifs qui me faiſoient voler
vers l'appartement des femmes de
ma mere.

Heureuſement ou malheureuſe-
ment pour la premiere que j'aurois
rencontrée , ma mere elle même parut & m'arrêta. J'appris de ſa bouche

qu'on me trouvoit encore trop jeune pour me marier ; qu'on différoit mon hymen d'un an , & que je devois employer ce tems à voir la Capitale. Zulince me fait préfent de fon portrait , s'obftine à me cacher le nom de mon pere ; je prends congé de Minette ; je me jette dans ma dormeufe ; je pars , je vole ; plus d'un Zilphe fuftigé par mes gens fait retentir l'air de fes cris plaintifs ; j'arrive chez un fameux baigneur : le jeune Provincial eft métamorphofé en Seigneur élégant ; & me voilà à l'Opéra , fuperbement mis , un grand bouqet à la boutonniere , & une lorgnette à la main.

CHAPITRE XVII.

M. de Saint Val fait connoiſſance avec un homme prudent qui lui ſert de Mentor, lui donne de bons conſeils, & lui fait connoître les habitans du pays qu'ils habitent.

JE vis avec ſurpriſe, continua Saint Val, une foule de jeunes gens en cheveux longs, en épée, en petit colet qui, d'un air empreſſé, voloient de loge en loge, recevoir quelque coup d'éventail, & ſe retiroient d'un air fort ſatisfait. Je crus bonnement voir quelques Acteurs payés pour amuſer les Dames, en attendant qu'on levât la toile ; & je demandai à un homme d'environ quarante ans, qui étoit auprès de moi, combien ils gagnoient pour jouer un rôle aussi pénible qu'humiliant.

M. de Florimon, c'est le nom de celui que j'avois interrogé, comprit sans peine que j'étois un nouveau débarqué. Cependant, il feignit de croire que j'avois voulu plaisanter, & applaudir poliment à l'épigramme que j'avois faite, disoit-il, contre des petits maîtres, hommes publics à la vérité, mais qui se faisoient un mérite de leur fatuité.

Je fus enchanté de la complaisance avec laquelle M. de Florimon avoit ménagé mon amour propre. Je me sentis tout-à-coup pour lui des sentimens que je ne pouvois définir. De son côté il me regarda avec intérêt, me fit mille questions, & s'attacha si bien à moi, qu'il voulut prendre la peine de m'introduire dans le monde.

J'étois très-satisfait du pays que j'habitois. Tous les hommes m'y paroissoient charmants, & les femmes adorables. J'admirois tout ce que je voyois, tout ce que j'entendois ; je croyois sur-tout de la meilleure foi du monde tous les complimens qu'on me faisoit. Prenez garde, me dit un jour mon aimable *Mentor*, souvenez-vous que vous êtes ici dans l'empire de l'Art. Ecoutez-moi, & je vais avec rapidité vous faire envisager l'étendue de son pouvoir.

L'Art dicte ici les éloges, les complimens, les protestations d'amitié, & les assurances d'estime ; témoins ces Grands qui s'embrassent d'un air affectueux, & qui en se quittant, vont tâcher de se détruire.

Ce prétendu Protecteur, qui ne l'est que par air, ou qui n'entre si vivement dans vos projets que pour les connoître à fond , & les faire réuſſir au profit d'un valet de chambre , ou d'une maîtreſſe qu'il veut vîte enrichir.

Cette jeune femme, qui accable ſon vieux mari de careſſes , & lui prodigue les noms les plus tendres, depuis qu'elle a fait une conquête au Bal.

Ce jeune Cadet de Gaſcogne qui loue ſans ceſſe les charmes de Madame Patin, parcequ'elle a la réputation de ſe ruiner pour ſes adorateurs.

Cet Avocat adroit qui prodigue à ſes Juges les éloges les plus outrés , pour les étourdir ſur le fond d'une mauvaiſe cauſe.

N'imitez-pas ces voyageurs ſtupides qui , voulant étudier les mœurs du pays qu'ils parcourent , regardent le peuple comme s'il n'éxiſtoit pas , & ne fréquentent que des cercles

où tous les hommes ayant à peu près
reçu la même éducation , ne pré-
sentent aux yeux du spectateur que
la même supeperficie. C'est chez la
plus grossiere populace qu'on distin-
gue sans nuage le caractere d'une
Nation. Jettez un coup-d'œil philo-
sophique sur le peuple qui vous entoure, vous y verrez l'ouvrier le plus
automate en apparance qui , pour se
faire donner la préférence sur ses
camarades , honnorera du titre de
Mylord tous les étrangers ; appellera
le plus mince Clerc de Procureur
M. le Président, & fera rengorger
le petit Colet le plus plat , en le
gratifiant du titre fastueux de Mon-
seigneur.

CHAPITRE XVIII.

L'ennuyeux M. de Florimon continue de peindre le pouvoir de l'Art à l'ennuyeux M. de Saint Val.

Ce n'est pas tout, me dit M. de Florimon, l'Art détermine ici à la démarche de chacun, le son de voix, & le maintien qu'il doit avoir. Ce jeune Lieutenant ne doit marcher qu'en cadence.

Dorilas vient d'acheter une charge dans la Robe ; hé bien ! Dorilas doit apprendre à mordre agréablement sa lévre, à parler sur un ton doucereux, à marcher sur la pointe du pied, & à saluer de la chevelure.

La jeune veuve d'un Colonel se mesalie, elle épouse un Financier ; il ne lui est plus permis d'être hon-

nête, polie, affable ; elle doit avoir
l'infolence de ne pas faire donner un
fiége aux gens à talent qu'elle appelle
à fa toilette, à moins qu'ils n'ayent
des Dentelles.

Philinte étoit hier Abbé, il avoit
le ton & l'air d'un Adonis ; c'est dans
l'ordre : aujourd'hui Surnuméraire
dans les Moufquetaires, il cache fon
œil droit fous un petit chapeau,
fait le méchant, devient la terreur
des Fiacres & des filles ; c'est encore
dans l'ordre.

La Marquife de...... marche
très-bien dans fon appartement ou à
la campagne : dans nos promenades
elle ne peut faire un pas. Je le crois
bien ! Comment prouveroit elle aux
gens qui ne la connoiffent pas qu'elle
eft accoutumée à un bon Caroffe.

L'Art donne encore ici la fortune
& la réputation ; pourquoi ce Co-

médien est-il obligé d'aller végeter dans la Province ; c'est qu'il n'a que d. naturel, & qu'ici on le compte pour rien.

Pourquoi cet Auteur est-il fêté, couru, commodement logé, magnifiquement vêtu ? Pourquoi les postes les plus brillants & les plus lucratifs sont-ils pour lui ? tandis que cet autre logé presque aussi haut qu'Apollon & & les Muses, habillé chaudement l'Eté, fraichement l'Hiver, ne se chauffe qu'aux dépens du moderne Procope ? C'est que le premier a beaucoup plus de mérite, me direz-vous : au contraire, il a eu l'art de cabaler auprès des Grands, des Comédiens & des Femmes. Voilà son plus grand talent.

Pourquoi Damon que j'ai vû pauvre, & si mal famé, vit-il à présent dans l'opulence, & en odeur de sainteté ? C'est que grace à ce maintien qu'il a su se donner, il passe pour dévot, & qu'on l'a chargé des affaires des pauvres.

Ce Docteur a un bon carosse, tandis que ses Confreres, beaucoup plus savans que lui, n'ont pas seulement une mule; pourquoi ? C'est qu'il a eu l'art de se faire un jargon qui amuse les Dames, qu'il ne leur prescrit que le régime qui leur plaît, & qu'il ne les dément jamais, sur-tout en présence de leur mari, lorsqu'elles veulent avoir des vapeurs.

Pourquoi ce Militaire est-il comblé d'honneurs, accablé de récompenses ? C'est qu'il a eu l'art de s'approprier les exploits d'un subalterne, & de croiser ceux qu'auroit pû faire son rival.

Attendez-vous à ne recevoir bien

souvent que la quantité de jour qu'il plaira à l'Art de vous ménager. Chez un Marchand, vous aurez un jour qui ne vous permettra pas de voir les défauts d'une étoffe que vous acheterez. Chez Arſinoé, le jour perçant à peine à travers une épaiſ-ſe jalouſie, & un rideau cramoſi, vous cachera les rides de ſon viſage, & le couvrira d'un aimable vermillon.

Enfin, les hommes ſont pour la plûpart préciſément le contraire de ce qu'ils paroiſſent. Quant aux femmes, il en eſt ſans doute, & beaucoup qui, parées des mains ſeules de la nature, ſont réellement belles, ſenſibles, délicates, ignorent toute ſorte d'impoſture, & méritent de partager avec l'Amour l'empire des cœurs. Il en eſt auſſi qui reſſemblent aux graces de Boucher, chacun de leurs attraits fait admirer un coup de pinceau hardi & créateur.

Enfin ! Si l'on peut comparer les hommes à des pantins, dont l'art dirige les mouvemens ; la plûpart des femmes sont autant de poupées qu'il pare, & des serins qu'il siffle. M. de Florimon ne disoit que trop vrai. Vous allez voir comme jen fus convaincu dans une partie que je fis à la Campagne.

CHAPITRE XIX.

Saint Val est successivement ébloui par plusieurs charmes différens, & cruellement détrompé.

Nous étions, poursuivit Saint Val, dans cette saison où les gens comme il faut, rougissant d'être à à la Ville, abandonnent les promenades & les spectacles aux grisettes & aux petits maîtres subalternes. Zéneide me propose de l'accompagner à sa terre, se forme une société, & nous partons.

Plus heureux que Pâris, j'étois avec plusieurs Dames qui, jalouses de faire ma conquête, étaloient à mes yeux les charmes qu'elles croyoient les plus séduisans ; & toutes me demandoient tacitement la pomme. Je ne favois trop à qui donner la préférence. Zéneide n'étoit pas précifément jolie, mais elle avoit des graces; quelques fignes arrangés fur fon vifage relevoient la blancheur de fon teint, & donnoient à fa phifionomie un jeu, une vivacité auquel il étoit bien difficile de ne pas céder.

Zirphé avoit un pied mignon & délicat qui, en promettant des mignatures encore plus féduifantes, plaidoit admirablement bien la caufe de fa maîtreffe.

Doris & Dorimene n'étoient plus de la premiere jeuneffe; cependant l'une laiffoit voir des dents qui donnoient envie de s'expofer à leur tendre morfure; & l'autre avoit quelque chofe de louche dans les yeux, qui leur donnoit le regard le plus langoureux, & faifoit naître le defir de les voir expirer fous les coups de l'Amour.

Pour Orphife, elle n'étoit ni belle, ni jolie. En revanche fes fentimens étoient épurés. Il falloit être un héros de tendreffe pour lui plaire. « Elle » m'avoit cru de la délicateffe dès » le moment qu'elle m'avoit vu , elle » vouloit s'en affurer avant de me » rendre heureux ; en attendant je » pouvois être certain qu'un Prince , » qu'un Roi même ne me banniroit » pas de fon cœur » ; c'étoient fes propres mots. Quoique extrêmement fenfible à fa tendre délicateffe , je formai le deffein de me diftraire en attendant la fin de mon épreuve.

Je paffai chez Zéneide. Sa porte étoit entr'ouverte ; je la vis qui renouvelloit fes fignes avec la tête d'une épingle noircie à la fumée d'une bougie , & mon amour difparut.

J'allai souhaiter le bon jour à Zirphé. Elle m'agaça comme à son ordinaire en appuyant son petit pied sur le mien ; je voulus jouer avec une mule rose & argent qui le couvroit, je la ravis en folatrant : Zirphé se fâcha très-sérieusement, & son pied s'élargit ; ce ne fut qu'à l'aide d'une robuste femme de chambre & d'un chausse pied qu'on parvint à le renfermer dans sa prison. La mule me fit comprendre, en se détachant, pourquoi Zirphé usoit tant de vin de Champagne à sa toilette, & servit d'éteignoir au flambeau de l'Amour.

Je ne me rebutai pas pour deux épreuves malheureuses. Je passai chez Doris & Dorimene qui, étant sœurs, logoient dans le même appartement, & n'avoient amené pour elles deux qu'une seule femme. Toinon étoit

fon nom. Sa figure n'avoit rien de
merveilleux ; mais fes cheveux paroiffoient égaler en beauté ceux de
cette Actrice charmante que l'Amour
femble avoir formée exprès pour lui
céder fon rôle dans les Graces , &
qui le remplit fi bien , que je pré-
férerois l'original à la copie.

Toinon étoit vive , folâtre , enjouée , fes yeux fembloient me donner un tendre duel ; je brûlois de
l'accepter : mais je craignois que
Doris ou Dorimene ne vint le
troubler. Leur foubrette me raffura ,
en m'avertiffant que l'une ne paroî-
troit pas avant d'avoir pris fon œil
d'émail , & l'autre fes dents d'yvoire ;
ce qu'elles ne pouvoient faire fans fon
fecours : foudain les deux maîtreffes
difparurent de mon cœur , & furent
remplacées par la femme de chambre. Nous folâtrâmes quelques tems.

Elle fit un faux pas, tomba fur un canapé ; & le jeu alloit devenir férieux, quand ma levrette, voulant folâtrer auffi, joua d'abord avec les plis de mon habit, & donna enfuite la préference au chignon de Toinon; il n'étoit que poftiche, il ne réfifta pas longtems, & roula fur le parquet !

La foubrette bien différente de Samfon, recouvra fes forces en perdant fa chevelure. Elle me repouffa avec vigueur pour courir après fon chignon ; ma chienne la défefpéra par fes gambades, & ne lui reftitua que les débris de fon larcin.

CHAPITRE XX.

L'Art persécute encore Saint Val. Reconnoissance. Points. C'est encore l'éternel Saint Val qui parle, au grand regret des Nymphes.

JE courus en riant chez la délicate Orphise. Je parvins jusques dans son cabinet sans être annoncé ; j'avançai la tête sur son fauteuil, je vis qu'elle venoit de tracer pour moi le billet le plus tendre. Mon cœur enchanté alloit faire éclater sa reconnoissance, quand j'apperçus une douzaine de lettres conçues précisément dans les mêmes termes, & adressées aux petits maîtres les plus décriés de la Cour & de la Ville. Je reculai avec horreur. Je fis un cri d'indignation.

Orphise

Orphise se tourna ; & prévoyant qu'elle ne pourroit pas excuser le billet circulaire, il lui parut tout simple de s'évanouir.

Touché de l'état d'Orphise, oubliant presque sa perfidie, je volai à sa sonette pour appeller ses femmes ; elle s'en apperçut : alors, revenant tout-à coup de son évanouissement, elle me pria d'un ton ironique, de ne point m'allarmer ; & me regardant ensuite avec dédain : « Aprenez, Monsieur, me dit-elle, » que lorsqu'une jolie femme est tête-» à-tête avec un homme, qu'elle lui » fait l'honneur de s'évanouir & de » terminer ainsi une dispute, c'est » lui dire très-poliment combien elle » est fâchée de lui avoir donné du » chagrin, & que c'est à lui, s'il » sait vivre, à s'en venger plus po-» liment encore. Adieu, Monsieur,

G

» demandez-moi le secret, & ne
» me voyez plus ».

Je reconnus mes torts ; j'abandon-
nai bien vîte une maison où j'avois
tant à rougir ; je volai à la Ville. Je
fis arrêter ma voiture devant la Comédie Italienne. Une Danseuse me
lorgna, je la lorgnai à mon tour.
Elle avoit un petit nez qui paroissoit
n'être retroussé que pour servir plus
commodément de trône à l'Amour.
Je lui proposai un Soupé , elle l'accepta , en me demandant si je voulois qu'elle y parût brune ou blonde,
enjouée ou langoureuse, décente ou
libertine , avec beaucoup de gorge
ou sans gorge. A ces mots je me rap-
pellai mon songe ; je frémis des piéges
que l'Art m'avoit tendus , des dangers que l'attrait du Plaisir m'avoit
fait courir ; je me félicitai de leur
avoir échappé par la protection de

la Vérité & de la Délicateſſe ; je me peignis les charmes innocens de Mi-nette, la pureté de ſon cœur, la ſincérité de ſes ſentimens, je jurai de ne ſonger déſormais qu'à elle, de ne vivre que pour elle ; & je revins chez moi en ſoupirant.

L'un de mes gens étoit reſté à la Ville. Il ſe précipita au devant de mes pas dès qu'il me vit. Ah ! Mon-ſieur, me dit-il, à qui pourra-t-on déſormais ſe fier ? — Qu'eſt-ce ? — M. de Florimon vint ici le lendemain de votre départ. — Eh bien ? — Il entra dans votre cabinet. —Eh bien ? — Eh bien ! eh bien ! Monſieur, il a volé le portrait de Madame votre mere. Le métal de la boîte, & les diamans dont elle eſt ornée, l'ont ſans doute tenté. Voilà une lettre qu'il m'a chargé de vous remettre.

Mille idées confuſes ſe préſente-

rent , dans la minute , à mon imagination. Je penſois un inſtant que
Florimon étoit un fripon , & bientôt mon cœur l'excuſoit. Enfin ! tout
autre ſentiment ceda à ceux du dépit , de la rage , de l'indignation ,
quand , après avoir décacheté la lettre , j'y lûs ces mots.

BILLET.

» Le portrait que j'ai trouvé chez
» vous , offre trop d'attraits ; je ne
» puis vivre plus longtems ſans poſ-
» ſéder la beauté qu'il repréſente.
» Pluſieurs de ſes lettres , parſemées
» ſur votre Bureau, m'indiquent l'en-
» droit ou je la trouverai. Je pars ; ſi
» ma démarche vous déplait, ſuivez-
» moi , & d'un mot je ſaurai vous
» mettre à la raiſon ».

J'envoye vîte chercher des chevaux ; je pars ; j'ordonne qu'on me

faſſe aller grand train ; j'arrive, j'apperçois M. de Florimon ; je mets l'épée
à la main, je vai fondre ſur lui....
ſoudain un cri perçant que j'entends
derriere moi, pénétre juſques dans le
fond de mon ame...... ſuſpend mon
bras..... m'oblige à tourner la tête..... &
me fait voir le ſpectacle le plus at-
tendriſſant.

Ma mere.... la plus ſenſible des
meres.... troublée.... éperdue....
le déſordre, le déſeſpoir dans les
yeux, accouroit à moi les mains
levées vers le Ciel.... tout-à-coup
ſes jambes tremblent.... elle chan-
celle.... elle tombe ſur ſes genoux,
la tête appuiée ſur les bords d'un fauteuil.... La mort ſe peint ſur ſon
front..... Elle veut me parler, &
ne peut proférer une parole.... la
crainte & la tendreſſe font un der-

nier effort, & triomphent à demi
de sa foiblesse .... ses gestes m'ex-
priment ses allarmes .... un bras
qu'elle me tend .... un autre dont
elle me découvre son sein .... son
silence si éloquent, si expressif....
tout me fait frémir .... tout me dit
que je donne la mort à la meilleure
des meres, si je suis plus longtems
l'aveugle transport qui me guide....
Alors, je me rappelle toute la conduite de mon *Mentor* .... les sentimens qu'il m'avoit inspirés à notre
premiere entrevue .... je le regarde.... il me sourit affectueusement....
je commence à voir dans mon cœur..
..... mon épée me fait horreur......
elle échappe de mes mains...... je
vole dans les bras de l'auteur de mes
jours.......... je m'écrie............
mon pere !...... ah !..... mon cher

pere ! . . . . mon vertueux pere !
. . . . mon . . . .
J'allois ajouter une autre épithéte ;
la voix me manqua.

CHAPITRE XXI.

Mariage de Saint Val & Minette.

AH ! mon Fils ! s'écria M. de Florimon, en m'embraffant tendrement,
& en me couvrant de ces larmes fi
douces, fi pures, fi précieufes, quand
la nature les verfe dans le fein de
tout mortel qui n'eft pas corrompu ;
mon cher Fils ! que je fuis fâché d'a-
voir fait languir votre enfance dans
un état obfcur. Heureufement pour
vous & pour moi, j'ai trouvé dans
votre cabinet le portrait de votre
vertueufe mere ; l'Amour eft rentré
dans mon cœur ; il m'a peint tous
mes torts ; j'ai obtenu ma grace ;
je fuis lié à l'aimable Zulince d'un
lien indiffoluble ; j'ai enlevé la tache

que mon inconstance avoit repandue
sur vos jours ; & pour achever de
couronner mon bonheur , je veux
vîte faire le vôtre , en vous unissant
à Minette.

L'aimable Minette parut. Quelle
différence de ses atttaits à ceux que
j'avois admirés dans le pays de l'Art !
Elle baissa les yeux & resta muette.
Je sentois aussi trop de choses pour
pouvoir les exprimer. Dieux ! que
notre silence étoit expressif ! On
nous conduisit à l'Autel. Nous pro-
nonçâmes avec transport le *oui* si
redoutable au commun des amans.
Je vous épargnerai la description
d'un journée toujours fort ennuieuse
pour des jeunes Epoux : mille fâcheux
accablerent Minette de fades plai-
santeries , & firent rougir la décence
sans exciter la volupté.

Minuit sonne. Ma mere & la tante de Minette trouvent un prétexte pour attirer Minette dans la chambre, & près de l'alcove où l'amour devoit mettre le comble à ses faveurs : je passai dans un cabinet voisin ; je me débarasse à la hâte de mes habits ; je m'enveloppe dans ma robbe de chambre ; je reviens ; chaque coup-d'œil que je porte rapidement sur ce qui m'environne, fait passer dans mes sens le trouble & le desir.

Les premiers objets qui frappent mes regards curieux, sont les jupons & le corset de Minette : tristement délaissés sur un sopha, ils semblent me dire qu'ils me cedent la victoire, & qu'ils ne mettront plus le moindre obstacle à mes transports.

Ici, une des femmes de Minette place, en souriant, les bougies de nuit derriere un taffetas vert. Le demi-jour voluptueux qu'elles répendent, pénétre jusques dans mon cœur, le fait tréfaillir, & me caufe le plus doux des frémiffemens.

Plus loin, une autre découvre & pare de fleurs la couche Nuptiale. Le rouge qui colore fes belles joues, fes mains tremblantes, les foupirs que l'idée feule du plaifir lui fait pouffer ; tout me retrace la fituation de Minette, je la partage, & je brûle de la calmer.

Enfin ! Je découvris Minette à travers les femmes qui l'entouroient. Dieux ! fous quel deshabillé ! dans quelle attitude ! Un *battant-l'œil* cachoit une partie de fon vifage ; fes regards perçants à travers les refeaux de la maline, n'en paroiffoient que plus tendres.

Un fimple corfet de bazin blanc, noué avec quelques rubans rofe, preffoit doucement une gorge naif-

fante , & une taille de Nimphe ,
qui fembloient vouloir lui échapper ,
l'une par fon agitation , & l'autre à la
faveur de fa délicateffe.

Le refte des appas n'avoit pour
unique voile qu'une toile , mais fi
fine ! fi légere ! que l'Amour , quoique enfant , pouvoit la foulever d'un
fouffle.

CHAPITRE XXII.

Très-bon à effectuer. Saint Val continue à peindre son bonheur. La Mariée fait des façons.

PASSONS présentement à l'attitude de la belle Mariée. Son cou aussi blanc que rond, agréablement sillonné par l'azur de quelques veines, dégagé de toute parure inutile, tendrement penché sur une épaule, appelloit la main & le baiser.

Ses mains, croisées par la modestie sur deux petits monts naissants, étoient cependant trop mignones pour couvrir en entier les trésors qu'elles vouloient cacher, & laissoient toujours entrevoir quelques charmes, exposés aux amoureux larcins,

L'un de ses pieds, petit, bien fait, potelé, digne en tout de la jambe à laquelle il tenoit, étoit déja sur le bord du lit ; l'autre encore à terre, à demi-couvert d'une mule, laissoit entre son frere & lui, un espace que l'imagination se plaisoit à parcourir, qu'elle remplissoit bien agréablement, & que je me flattois d'occuper bientôt ; mais la pudeur vint différer mon bonheur en empêchant, pendant quelque tems Minette, de s'élancer tout-à-fait sur un trône, où les plaisirs nous attendoient en foule pour nous couronner.

Les Femmes de chambre plaisantoient la Belle honteuse ; ma mere lui disoit fort sérieusement qu'il ne falloit pas faire l'enfant ; la Tante racontoit une infinité d'histoires pour prouver que les jeunes femmes faisoient toutes des simagrées fort mal à

propos , & pour la forme seulement ;
tout cela étoit inutile ; Minette re-
sistoit aux railleries , aux raisons, aux
bavardages , aux desirs même qui lui
conseilloient d'aller vîte occuper une
place lorgnée en tapinois.

Je me jettai à ses pieds ; elle étoit
toujours dans la même attitude , de
sorte que ma bouche se trouva natu-
rellement colée sur un genou d'i-
voire , à qui elle fit bientôt prendre
une autre couleur ; ma main parta-
gea les transports de ma bouche ;
bientôt entraînée par la beauté & la
pente agréable du terrein qu'elle par-
couroit, elle fit un progrès si rapide ,
que Minette , allarmée , jette un cri,
s'élance dans le lit, & tire sur elle les
couvertures ; grace à mon agilité ,
elle m'enveloppe avec elle. L'Amour
s'applaudit de nous avoir pris dans le
même filet. Les rideaux tombent.

Tout le monde fort en riant , &
nous voila feuls dans l'univers.

O mes chers amis ! vous enviez
peut être mon bonheur ? plaignez
encore mon fort. Il eſt des momens
où tous les fens conſpirent contre
un feul, en voulant le fervir ; un
agréable délire femble nous anéan-
tir. L'ardeur qui nous agite , qui nous
dévore, ne nous permet pas d'en faire
profiter la beauté par qui & pour qui
nous brûlons. Hélas! j'éprouvai pendant quelques inſtans toutes les hor-
reurs du fupplice de Tantale. J'allois
me livrer au plus affreux défefpoir,
quand je me reſſouvins que fans
avoir le mérite de l'Ingenu , j'ai
comme lui, le grand Hercule pour
patron ; je l'invoque , & je deviens
digne de lui. Que dis-je ! je fuis ce
demi Dieu lui-même.

L'arc du nouvel Alcide eſt tendu ;

le trait part , vole , frape le Centaure
qui colore sa tunique ; la flâme cir-
cule dans les vaines du Héros. Saisi
d'une sainte fureur , il prend sa massue , il abbat les bois qu'il trouve sur
son passage , il se précipite sur les bu-
cher enflâmé ; la force l'abandonne ,
il pâlit, il expire ; son ame s'envole ,
il perce tous les cieux , il arrive au
fond de l'olimpe......

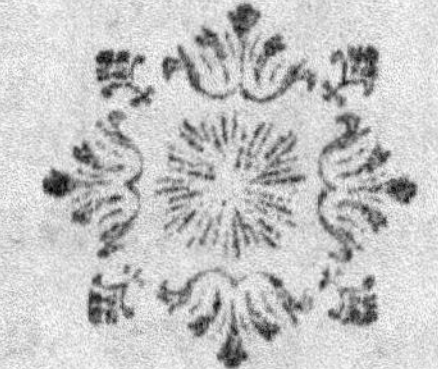

CHAPITRE XXIII.

Saint Val se retire bien fâché d'avoir sacrifié à l'Art & au Plaisir..... La Danseuse délaissée se retire aussi après avoir fait ses adieux.

Nous félicitâmes tous Saint Val sur les plaisirs qu'il paroissoit goûter encore en nous les peignant. Nous lui demandâmes des nouvelles de Minette. Elle est, nous dit-il, à Paris. Je suis venu pour faire ma cour à un vieux oncle fort riche ; comme il pourroit me priver de sa succession s'il connoissoit un mariage que j'ai fait sans le consulter, ma vertueuse épouse loge sous le nom d'une Comtesse supposée, dans un hôtel peu éloigné du mien. Tout, jus-

qu'à cette contrainte , redouble notre amour ; & ta fidélité , n'est - ce
pas ? ajoûta le Préfident.

Saint Val resta comme anéanti par
cette légere épigramme. Il garda quelque tems un morne filence. Ses yeux
fe remplirent de larmes. Il regarda ,
en frémiffant , la Nymphe qui , en
le faifant tomber dans fes piéges ,
avoit réalifé fon fonge & trop bien
effectué les projets du Plaifir & de
l'Art.

Ah mes amis ! nous dit-il , j'ai fans
doute mauvaife grace à faire le Moralifte après avoir partagé toutes vos
foibleffes. Je fuis encore plus coupable que vous, puifque je manque à
la femme la plus refpectable ; mais
du moins mon répentir eft fincere.
Vous , dont j'ai fi bien fuivi l'exemple , imitez-moi à votre tour. Les plus
courtes folies font toujours les meil-
leures.

Ne sacrifiez plus sur des autels qui, affaissés sous le nombre & la diversité des victimes, ne peuvent qu'être très-délabrés. Craignez de partager trop bien leur chûte. Cessez de faire fumer votre encens pour des Furies déguisées en Graces, qui vous attacheront tôt ou tard à la roue d'Ixion, ou vous livreront au vautour de Prometée.

Saint Val disparut après nous avoir donné ce salutaire conseil. Nos Compagnes furent très-scandalisées de l'indécence de ses propos; conclurent, d'une commune voix, que c'étoit une espece, trouverent qu'il n'avoit pas le sens commun, nous exhorterent à fuir désormais un homme qui nous gâteroit, & redoublerent de gayeté pour écarter nos reflexions.

La veuve seule de Saint Val étoit de mauvaise humeur. Ses camarades la raillerent fur fon oifiveté ; & pour l'amufer, difoient-elles, propoferent de faire deux brelans à trois. C'eft très-bien penfé, ajoûta ma maligne Actrice, nous n'avons befoin de fi- ches ni de jettons. Nous payerons fur le champ avec des baifers, ou quel- ques autres petites carreffes. » Petites, » continua la Diane ! pourquoi cela ? » Je vous avertis que je fais mon » tout au premier beau jeu qui me » viendra. Pour notre pauvre délaif- » fée, puifqu'elle ne peut pas être » de la partie, faute d'un affocié, » elle jugera des coups ».

La Danfeufe prit mal la plaifan- terie. Les Rieurs n'étoient pas de fon côté ; elle fe difpofa à fe retirer. En prenant fes gands, qu'elle avoit dans fa poche, elle laiffa tomber un papier, fur lequel nous fautâmes. Les efforts qu'elle fit pour nous l'ar-

racher, redoublerent notre curiofité, & nous lûmes au haut : BAIL
DE TROIS ANS.

Le titre promettoit. Nous nous pro-
poſâmes de lire l'ouvrage après le
départ de ſon auteur. Que vous allez
bien vous amuſer à mes dépens quand
je ſerai ſortie, nous dit la Denſeuſe,
furieuſe, outrée, déſeſpérée ; mais
je men..... moque ; je ſais de vos
nouvelles, & je vais prendre ma revanche d'avance.

Je commence par toi, divine Actrice de campagne. Ceſſe de prendre
avec nous ces airs de dignité que les
ſifflets auroient du te faire perdre.
D'ailleurs quel eſt ton talent ? lorſque tu danſes, on s'écrie que tu as la
jambe trop forte. Quand tu chantes
ou que tu déclames, c'eſt à-peu près
la même choſe pour toi ; on trouve
que tu as peu de voix. Quand......

Il suffit , tout le monde sait que le trop ou le peu te déparent furieusement.

Ah ! tu ris , guerrier immortel , & toi aussi , petit sapajou à rabat , animal familier des toilettes. Souvenez-vous l'un & l'autre de la partie que vous fîtes chez la galante Tonton ; du chagrin cuisant que vous en eûtes le lendemain , & de votre air sot quand elle reçut vos plaintes en vous riant au nez , & en vous demandant si vous vous étiez attendus à recevoir d'elle un Evêché & un Régiment.

Quand à la belle Marchande , c'est dommage qu'on l'accuse de vendre non-seulement ses bijoux , mais encore ceux de ses amis & de ses parentes. Pour moi je lui trouve pourtant des mœurs , de la probité , témoin sa derniere couche. Elle ne sa-

voit trop à qui dédier son ouvrage,
parce que son époux étoit absent depuis plus d'un an , & qu'elle avoit
alors quatre Amans en titre. Une autre auroit tiré de l'argent de chacun
en particulier, en l'honorant du beau
titre de pere, elle eut l'honnêteté de
les rassembler autour de son lit , de
leur peindre son embarras, & de les
faire tirer au doigt mouillé pour voir
à qui l'enfant appartiendroit.

Point de jalousie , mon Adonis
Robbin , je ne t'oublierai point. Te
souviens-tu de cette fausse Cliente,
qui parvint l'autre jour jusques dans
ton cabinet pour solliciter un prétendu procès. Tu crus , en triomphant
d'elle , subjuguer la vertu la plus te-
nace & la Marquise la plus hupée ?
Quelle fut ta surprise quand tu sus
que la Dame étoit une friponne de
la rue Fromanteau , & qu'elle avoit
utilement

utilement amufé fes mains dans tes poches, tandis que les tiennes fouragoient fes charmes.

A ton tour, la Diane. Tu nous fais voir que les honneurs ne changent pas toujours les mœurs. Grace à la ftupidité & à la miſére d'un pauvre diable d'Allemand, te voila Baronne, & cependant tu fais toujours ton premier métier. Eſt-ce en reconnoiſſance des avantures qu'il ta procurées? Je ne t'en connois pas de fi brillantes. Souviens-toi de ce Militaire, à préſent bel eſprit, qui fit fauter tes nipes par la fenêtre, de ces Chevaux-Legers qui te donnerent le fouet en revenant du Bal de Saint Cloud, de ce Cadet gafcon, par qui tu te fis promettre fix louis pour paſſer une nuit chez lui, & qui te renvoya le lendemain avec ces douces paroles : » Sandis, quand je prens le coche ou

H

» quelqu'autre boiture publique , je
» paye tanfeulement la place que
» j'occupe , & donc !! boilà douze
» francs, ma belle.

La Danfeufe avoit parlé avec tant
de volubilité, qu'on n'avoit jamais pu
l'interrompre. Enfin elle partit en
caffant tous les magots qui étoient
fur la cheminée, & en nous affurant
qu'elle alloit parler à des gens qui
viendroient troubler nos plaifirs.
C'eft peu de nous le promettre, elle
tint parole, comme on le verra dans
le fecond volume.

Fin de la premiere Partie.

TABLE
DES CHAPITRES

Contenus dans la Premiere Partie.

Fin de la Table.

LE SOUPÉ,

OUVRAGE

MORAL.

SECONDE PARTIE.

A LONDRES.

AVIS
AU LECTEUR.

PENDANT la lecture du premier Volume, la Comtesse a eu beaucoup d'humeur; — pourquoi cela? Les historiettes qu'il contient, leurs portraits un peu lestes ne seroient-ils pas du goût de la Dame? — Oh, que si! Est-elle fâchée que l'Abbé, le Mousquetaire & le Robin ayent sacrifié sur des autels indignes d'eux, & qu'ils manquent de délicatesse ? — Oh, que non ! Ce qu'elle a entendu lui a-t-il semblé trop peu piquant, & voudroit-elle qu'on la dispensât de la suite ? — Au contraire , elle la desire avec le plus vif intérêt — Ah ! parlez donc , & ne nous impatientez point : qu'a-t-elle ? que n'a-t-elle point ? Expliquez-vous — Vous desirez le sçavoir ? — Sans doute. — Eh bien , tant mieux ! vous l'apprendrez dans la Post-face ; oui, dans la Post-face.

LE SOUPÉ.

CHAPITRE PREMIER,

Très-important pour le Commerce.

A Peine la Danseuse fut-elle partie, que nous nous empressâmes
de lire le Papier que nous lui avions
dérobé ; il contenoit ce qui suit :

BAIL DE TROIS ANS.

MANON DURU, surnommée
la *Petite Joujou*, Danseuse de son
métier, d'une part : & Messire Tout-
d'Or, ancien Munitionnaire des
Armées du Roi, présentement Mar-

A

quis de.... & autres lieux , de l'autre part , convenus & demeurés d'accod de ce qui suit :

SÇAVOIR :

Articles proposés par le Monsieur.

ARTICLE I.

M. Tout - d'Or exige , d'après le conseil de son Médecin , que la Petite , avant d'entrer en exercice , aille faire une retraite de six semaines à la campagne , pour y respirer un air sain , & s'y rafraîchir le teintqu'elle a très-échauffé.

Accepté , à condition que M. Tout-d'Or fera une retraite aussi. Je crois que l'air de la campagne lui est aussi nécessaire qu'à moi.

ART. II.

Après son retour , elle n'ira plus souper en Ville : comme M. Tout-d'Or l'aime , il craint pour elle les indigestions.

Accepté , pourvû qu'il me soit permis de donner à souper chez moi.

ART. III.

Elle ne prendra pas de ces laquais à taille élégante , qui sont la Fleur le

Accepté , à condition qu'ils seront robustes ; c'est-à-dire , propres à jour, & mon bon ami la nuit. Pour cet effet, ils seront choisis & toisés par Monsieur, & non par Mademoiselle.

frotter, & en état de résister à la grosse fatigue.

Art. IV.

Elle renverra sa mere avec une pension, & en recevra une autre de ma main. Les véritables meres sont trop indulgentes.

Accepté. Je pourrai plus décemment donner des coups de poings à l'une qu'à l'autre.

Art. V.

M. Tout-d'Or se réserve expressément que si ladite Demoiselle devient enceinte, pour se faire une réputation d'honnête fille, les diverses fantaisies qu'elle aura, ne coûteront pas plus de cent écus chacune.

Accepté ; mais j'avertis M. Tout-d'Or que je suis très-feconde, & que j'ai des fantaisies fréquentes dans mes grossesses.

Articles proposés par la Demoiselle.

Art. I.

La Demoiselle, avant d'entrer en charge, veut un appartement sur le Palais Royal, orné de beaucoup de glaces, de magots & de canapés sur-tout, avec un boudoir digne d'elle.

Accordé, à condition que le portier qui gardera la porte du devant & celle du derriere de la maison, sera vieux ; que les fenêtres de l'appartement seront élevées, & qu'il n'y aura aucun escalier dérobé.

Art. II.

Elle veut avoir un vis-à-vis à sept glaces, avec des chevaux fringans & des harnois pomponés.

Accordé, à condition qu'elle n'ira pas ventre à terre, & ne crêvera que deux chevaux par mois.

Art. III.

Pour paroître décemment aux Spectacles, au Boulevard, aux Thuileries, & faire honneur à son Monsieur, il lui faut nécessairement des diamans, savoir, des girandoles, un esclavage, un ruban, des cornes, une sultane & une infinité d'épingles, sans préjudice des nœuds & du bouquet de brillans, qui viendront dans la suite, sans quoi la Demoiselle promet à son Monsieur qu'elle aura des vapeurs noires ou couleur de rose, selon son caprice.

Accordé, à condition que les diamans n'appartiendront à la Demoiselle qu'après avoir donné des preuves constantes de sa bonne conduite ; & pour l'y engager, elle n'aura, la premiere année du bail, que la jouissance des diamans, la propriété de la moitié, après la seconde année, & l'entiere propriété à la fin du bail.

Art. IV.

De plus, elle demande une petite Maison, avec un Théatre pour y faire la Dame d'importance.

Accordé, à condition que la petite Maison ne sera ni à Passi, ni à Pantin; l'air y est si vif qu'on y dévore. De plus, le Monsieur exige qu'il n'y ait pas de loge grillée dans la Salle de Spectacle, & qu'on n'y joue jamais les piéces de l'ennuyeux Moliere. Lorsqu'on fait de la dépense, il faut du moins se distinguer par son bon goût.

Art. V.

Elle prétend pouvoir recevoir à sa toilette, sans que le Monsieur s'en scandalise, le petit Maître qu'elle daignera choisir, pour la prôner dans les foyers ; & le petit Abbé qu'elle chargera de faire des Vers en son honneur dans le Mercure, ou de faire des couplets malins contre ses camarades.

Accordé, en recommandant à la Petite d'avoir l'œil sur ses bijoux.

Art. VI.

On lui donnera cinquante billets de parterre à distribuer à toutes les représentations, lesdits billets serviront à la faire applaudir les jours qu'elle dansera ; les autres, seront employés à faire huer ses Rivales : l'on donnera de plus la table & un habit à demi-usé tous les ans à un Gredin qu'elle mettra à la tête de sa cabale.

Accordé, mais lorsque le Monsieur viendra souper avec la Petite, le Cabaleur ira manger à la Cuisine.

Art. VII.

Il lui sera permis d'aller seule chez ses Supérieurs.

Accordé sans réplique ; à tout Seigneur, tout honneur.

Art. VIII.

<table>
<tr><td>

On la délivrera de tous les enfans mâles qu'elle aura ; mais on lui laissera les filles, sur-tout si elles sont jolies.

</td><td>

Accordé, rien n'est plus juste ! Une mere prudente se ménagetou-jours une poire pour la soif à venir.

</td></tr>
</table>

Fait double & signé par les deux Parties, l'an de grace, &c.

Quoi ! ce n'est que cela, s'écrie-rent toutes nos Compagnes d'un air surpris ; la Joujou est bonne d'avoir voulu nous dérober la connoissance de son Traité : il est dans la forme ordinaire, & les articles en sont tout-à-fait simples. J'en ai jadis fait un pareil, dit la petite Actrice, avec un Financier, qui lui a depuis servi de modele avec trente femmes de condition.

Allons, allons, c'est encore une imbécille, continua la Diane; mais elle est jeune, elle se formera: reve-

nons à nos histoires. J'ai débité la
mienne de bonne grace : je veux savoir celle de l'Abbé , du Chevalier
& de mes deux Compagnes. Rien
n'est plus juste, dit la Marchande ; &
elle parla ainsi.

CHAPITRE II.

L'orgueil humanisé. La mort pour les malheureux n'a rien d'affreux.

J'ÉTOIS si jeune, lorſque je perdis le bijou dont vous me demandez l'hiſtoire, que je pourrois facilement en avoir oublié les circonſtances, ſi elles n'avoient un air de particularité qui les a vivement gravées dans ma mémoire.

Figurez-vous que je n'ai que deux luſtres & un an par-deſſus, & que je joue avec un petit eſpiégle du quartier, qui n'eſt guere plus âgé, & qui vient réguliérement tous les jours folâtrer avec moi. Un ſoir, nous voyons un jardin voiſin de notre maiſon entr'ouvert; nous nous y gliſſons pour voler du fruit, nous approchions d'un pommier, & nous allions remplir nos poches, quand nous entendîmes quelques soupirs qui partoient de derriere un treillage.

Avant d'aller plus loin, il est bon de dire à qui appartenoit le jardin en question : c'étoit à une très grande Dame, âgée d'environ soixante-dix ans ; mais si vaine de sa condition, que ses appartemens n'avoient pour ornemens uniques que les portraits de ses ayeux, auxquels tout le monde en passant étoit forcé de faire la révérence.

Un laquais ne pouvoit prétendre à l'honneur d'entrer dans son antichambre, & de figurer avec ses gens, s'il n'avoit la gloire d'appartenir à un homme titré. Enfin, elle poussoit la vanité si loin que ses armes étoient gravées jusques sur sa béquille,

Vous vous doutez bien que notre ſoupireuſe eſt la Dame pétrie d'orgueil ; mais vous ne devinerez jamais, je gage, le rang du Seigneur qui ſoupiroit avec elle. — Un Prince , ſans doute ? —Non, non.—Un Duc?— Pas tout-à-fait. — Un Marquis, tout au moins ? — Pas encore. Le petit Seigneur pour lequel elle s'humaniſoit , portoit un habit galonné ſur toutes les coutures ; mais les galons étoient de ſoie ; en un mot , c'étoit Champagne , ſon laquais. L'amour bien plus indulgent que M. D..... ſait rapprocher tous les états , & ante tout de ſuite la roture la plus avérée ſur la tige la plus illuſtre.

Le premier ſoupir avoit fait peur à mon petit camarade & à moi, un ſecond fit naître notre curioſité , un troiſiéme l'augmenta ; nous appro-

chons , nous écartons doucement
quelques feuilles , & nous voyons la
Vieille qui mettoit ses titres aux pieds
de son vainqueur. « Non tu ne sens
» pas toute ta félicité, lui disoit-elle;
» sçais-tu qu'il y a nombre d'honnê-
» tes gens , de personnes de la pre-
» miere qualité qui désireroient le
» bonheur que je t'offre , & dont tu
» sembles si peu jaloux ». L'Amant
à livrée ne répondoit rien ; mais ses
mains s'égaroient ; & la Dame trouvant apparemment ses gestes assez
nobles , se renversa tout-à-fait sur le
gazon , & lui dit : » Cher Marquis,
» cher Comte, cher Prince de mon
» ame , je t'abandonne ces charmes
» qui n'ont dérogé que pour toi !
» jouis de tous , si tu le peux , si non,
» choisis, & choisis bien ».

Champagne , curieux apparemment de s'allier à la noblesse, prit

une posture qui nous auroit empê-
chés de voir la Dame , si nous eussions été plus éloignés. Mais nous ne
perdîmes pas une de ses grimaces ;
& nous l'entendîmes bientôt qui disoit , *je me meurs* ; Champagne répondit , *je suis mort* ; & tous deux
resterent sans mouvement.

J'avois été jusqu'à cet instant très-
attentive à tous leurs gestes. Aux
mots de *je me meurs* , je pris la fuite,
très-allarmée , & fus avec mon petit
ami dire à maman que Madame une
telle étoit morte avec son laquais:
nous lui peignîmes les circonstances
de sa mort ; Maman eut toutes les
peines du monde à s'empêcher de
rire , puis prenant un air sérieux ,
elle nous dit gravement que toutes
les fois qu'une fille ou une femme
étoit trop familiere avec un garçon
ou un homme , le Ciel les pu-

niſſoit par une prompte mort.

Quoi ! dis-je , ſi je jouois trop avec mon petit ami , j'en mourrois ? —Sans doute,& lui auſſi. Cette leçon eut pendant quelque temps tout l'effet que ma mere s'étoit promis ; je ne permis plus à mon petit cama-rade de m'embraſſer : il étoit pour le moins auſſi poltron que moi ; ſi par haſard je lui touchois la main , il crioit , comme un beau diable , qu'il étoit mort ; ma mere jouiſſoit de notre ſimplicité , & s'applaudiſ-ſoit de nous avoir allarmés ; bien-tôt elle eut tout lieu de s'en repen-tir : vous allez voir.

Je faiſois avec Lindor (c'eſt le nom de mon petit ami) une partie au volant ; ma mere fut obligée de ſor-tir , elle nous enferma dans ſa cham-bre, en nous diſant : « Enfans , ſoyez » ſages,gardez-vous ſur-tout de caſſer

» quelque glace , autant vous vau-
» droit mourir — N'ayez pas peur,
» maman ». Elle fort ; la partie
continue , le volant va, vient ; crac !
j'applique un coup de raquette au
milieu d'un miroir , & je le caffe en
mille morceaux.

Je pleure , mon camarade m'imite , nous voulons prendre la fuite,
mais la porte eft fermée à double
tour : nous nous figurons toujours
maman prête à rentrer , nous nous
rappellons les paroles qu'elle nous a
dites en fortant: Gardez-vous fur-tout
de caffer quelques glaces ,autant vous
vaudroit mourir : nous croyons la
voir furieufe , exécuter fa promeffe
& nous tuer. Cette crainte fit venir
à mon ami l'idée de nous donner
nous-mêmes la mort : j'y confentis ;
& pour y réuffir , nous réfolûmes de
répéter tout ce que nous avions vu

faire à la vieille Dame & à son laquais dans le jardin , jusqu'à ce que
mort naturelle s'ensuivît.

Je commençai par m'asseoir à
terre , mon compagnon d'infortune
se plaça à côté de moi. Je jouai avec
ses cheveux , je lui donnai quelques
baisers , comme j'avois vu faire à la
Dame , & il me les rendit , à l'imi-
tation de M. de Champagne. Je lui
dis ensuite : Commences-tu à mourir ? Non. — Ni moi ; voyons ,
continuons.

Je lui répétai , sans savoir ce que
je disois : « Non , tu ne sens pas
» toute ta félicité : sçais tu qu'il y
» a nombre d'honnêtesgens , de per-
» sonnes de la premiere qualité qui
» désireroient le bonheur que je t'of-
» fre , & dont tu sembles si peu ja-
» jaloux ». Il promena , comme M.
de Champagne , sa main sous mon

mouchoir. Je lui dis : meurs-tu ? —
Hélas ! non ; au contraire, je ne fus
jamais si éveillé , & moi de même.
— Voyons , continuons.

Je me renversai tout-à-fait , &
toujours d'après la Dame ; je m'é-
criai, en soupirant : « Tiens , cher
» Marquis , cher Comte, cher prin-
» ce de mon ame , je t'abandonne
» ces charmes, qui n'ont jamais dé-
» rogé que pour toi : jouis de tout ,
» si tu le peux , si non choisis , &
» choisis bien ». Meurs tu? — Pas
encore. — Ni moi. — Voyons, continuons.

Lindor prit la posture qu'il avoit
vu prendre à M. de Champagne ;
elle fit quelque effet ; il sentit tout
de suite un mouvement extraordi-
naire qu'il n'avoit jamais éprouvé ;
j'étois dans le même cas ; mon cœur,
en s'épanouissant , sembloit vouloir

m'échapper : encouragés par le succès , nons nous écriâmes tous deux
en même-temps : voyons , continuons.

CHAPITRE III.

Mort de la Marchande. Histoire du Chevalier. L'Amour champêtre

J'AVOIS mieux examiné mes modeles que Lindor ; je lui donnai quelques leçons qu'il exécuta de point en point , & avec tant de succès , que nous sentîmes la mort s'avancer à grands pas. Je perdis presque la voix ; Lindor ne me parla plus que par monosyllabes ; je n'avois que la force de soupirer ; à peine avoit-il celle de m'embrasser : ses baisers expiroient sur le bord de mes levres. Nous entendîmes maman qui ouvroit la porte ; nous ramassâmes nos forces pour expirer bien vîte. Ma mere étonnée , nous demanda ce que nous faisions-la , nous

lui répondîmes par ce duo .... nous....
mourons .... & nous diſions vrai.

Nous perdîmes la voix ,
Et dans le même inſtant notre ame fut ravie ;
Mais d'une mort ſi douce & ſi digne d'envie,
Que pour mourir encore mille fois ,
Nous reprîmes la vie.

Nous avions de la peine à nous perſuader qu'à onze ans la petite Marchande fût encore ignorante ; nous l'accuſâmes d'avoir elle-même fait choix du genre de mort, avec quelques doutes ſur ſon heureux ſuccès : elle nous jura que non , ſur ſon honneur ; le ſerment nous rendit encore plus incrédules ; quand le Chevalier, prenant ſon parti, nous dit que la choſe pouvoit à la rigueur être vraie , puiſque lui, Mouſquetaire, avoit filé ſes premieres amours ſur le ton de l'églogue : nous nous récriâmes fur cette fingularité, & il commença.

Je paffois fix mois de l'année dans les terres de mon pere. Là , pour toute occupation, j'affaffinois quelques lapins , ou je lifois de vieux Romans que me prêtoit ma grand'mere ; l'amour fut m'en procurer un plus agréable , en me faifant voir les charmes naiffans de Suzette, c'étoit la fille de notre Berger.

Elle avoit quatorze ans ; fa figure étoit intéreffante, fa taille bien prife, une fimple futaine compofoit fa parure ; fon linge éblouiffoit d'abord par fa blancheur , mais il ceffoit de paroître blanc du moment que fon mouchoir , entr'ouvert par hafard , laiffoit voir quelque échantillon d'une gorge d'albâtre.

Voir Suzette , l'admirer , brûler pour elle , la chercher fans ceffe des yeux, la voir même quand je l'avois perdue de vue, & jusques dans les bras du sommeil, tout cela fut pour moi l'affaire de vingt-quatre heures. Je le lui dis ; elle me fit une grande révérence, & me répondit avec ingénuité. « M. le Chevalier, » vous me faites bien de l'honneur ; » mais tenez, vous me faites encore » plus de plaisir. Lucas, avec qui » mon pere veut me marier, me ré-» péte tout le jour ce que vous ve-» nez de me dire, mais il m'ennuie » autant que vous me faites bien » aise. »

Je remerciai ma chere Susette. Au portrait que je lui fis de mon amour, elle reconnut le sien, & me l'avoua. Bientôt elle ne se para plus qu'avec les petits rubans dont je lui faisois présent, & me donna tous les jours en échange un bouquet ; mais c'étoit

B

tout, & mon ame enchantée des présens de la tendre innocence, se contentoit de regner sur un cœur aussi simple que délicat. Je craignois de diminuer mon bonheur en altérant sa pureté.

Quelquefois un simple baiser, à demi-volé sur les levres de ma Susette, m'a fait goûter plus de volupté que tous les emportemens étudiés des beautés les plus à la mode.

En un mot j'étois le plus heureux des hommes, quand Susette m'apprit, en fondant en larmes, que Colas avoit obtenu le consentement de son pere. En effet, la nôce se fit peu de jours après. Je fus contraint d'y assister; & j'eus le chagrin de voir mon aimable Susette faire envain mille efforts pour résister à trois ou quatre vieilles édentées qui l'entraînoient en bavardant vers la chambre de son époux. Quel moment pour elle & pour moi ! La pauvre enfant avoit l'air d'une victime qui gémit du sort qu'on lui prépare. Je crus toute la nuit la voir se débatre sous le funeste couteau.

Dès ce moment je devins rêveur, mélancolique. Le plaisir & le bonheur s'envolerent loin de moi. En vain pour me distraire je fis la guerre aux habitans des airs & de l'eau, la félicité de Colas me poursuivoit par tout. Je serois mort de douleur & de jalousie si je n'avois juré de me venger de mon Rival dès que je pourrois me trouver tête à tête avec sa femme.

Un jour que je m'entrenois de cette agréable idée, qu'elle me jettoit dans une douce rêverie,& que je savourois déja la plus délicieuse des vengeances, je me trouvai insensiblement dans le valon & au milieu des bois qui m'avoient vû si souvent aux pieds de ma Bergere. Tout, dans ces lieux enchantés, conspiroit à redoubler mon ardeur.

Un jeune ormeau & le liére qui s'unit à lui en l'embrassant, ne sont aux yeux de l'indifférence que deux foibles arbrisseaux ; pour une ame sensible ils offrent un spectacle bien touchant, qui donne les idées les plus voluptueuses, & fait naître le désir de les réaliser.

Je me plaçai derriere un buisson fleuri pour examiner, sans être vû, la foule des villageois qui, deux à deux, étoient épars dans le bois. Ici une Bergere, l'amour peint dans les yeux, la crainte & le désir sur le teint, jettoit d'une main tremblante quelques feuilles à son Amant, & couroit se cacher à demi à l'ombre d'un

alifier : le Berger la pourſuivoit, &
la déroboit tout-à fait à mes regards.

Plus loin Colin ceſſoit de jouer
du chalumeau pour orner la tête de
Colinette avec des fleurs cueillies
ſous les pas de la Bergere : Colinette
en ramaſſoit pour parer le chapeau
de Colin : bientôt le couple amoureux trouvoit la couronne trop peu
digne de leurs vœux, & ſe couron-
noient des fleurs qu'on cueille à Ci-
thère.

Peignez-vous, s'il eſt poſſible, la
ſituation d'un jeune homme qui
aime, qui eſt malheureux, & qui
eſt le témoin oiſif de tant d'amoureux combats. Le déſir entroit dans
mon cœur par tous mes ſens, quand
j'entendis pouſſer de tendres ſoupirs
derriere moi. Je tourne la tête & je
vois toutes les graces réunies dans
une ſeule perſonne, je vois Suſette.

B iij

CHAPITRE IV.

Fin de l'Histoire de Susette. L'Abbé commence la sienne ; sa premiere déclaration n'a pas un heureux succès. C'est une femme bel-esprit qui l'ébauche.

Susette, continua le Chevalier, pleuroit ses malheurs & les miens, elle étoit sur le bord d'une fontaine à demi couchée sur le gazon qui, tout fier d'être mollement pressé par tant d'appas , s'émailloit à chaque instant de mille fleurs nouvelles.

Les larmes que les beaux yeux de ma Susette versoient couloient doucement sur un teint de lis & de roses , s'arrêtoient dans deux fossetes pour admirer une bouche petite, vermeille & bien coupée , tomboient

fur une gorge enchanteresse, & rou-
loient avec précipitation fur un cou
d'albâtre, fur deux globes de neige,
bien fâchées de ne pas rencontrer la
plus petite ride pou r s'y arrêter quelque tems.

Je pouffai un foupir à mon tour;
ma Belle, furprife, fe tourna, me vit,
fe leva avec précipitation, fon vifage fe peignit en un moment de
mille couleurs différentes; elle fit un
cri de joie, & retomba à demi-éva-
nouie fur le gazon qu'elle venoit
d'abandonner.

Qu'elle étoit belle dans cet état!
Ses yeux paroiffent ne s'être fermés que pour ne point m'intimider;
fes bras, jettés à côté d'elle, me difent qu'ils ne m'oppoferont plus la
moindre réfiftance; fa bouche, en
fouriant, appelle le baifer à fon fecours.

B iv

Guidé, éclairé par l'Amour, j'allois ranimer les sens de Susette ; mais
j'apperçus, à travers les arbres, son
mari qui venoit à nous. Je me déro-
bai à sa vue, je courus à son trou-
peau, je le forçai de sauter dans une
de nos vignes, je joignis ensuite mon
fâcheux avant qu'il fût auprès de sa
femme. Je lui reprochai sa négli-
gence ; & tandis qu'il alloit arrêter
le ravage que ses moutons fesoient
sur mes terres, je volai prendre ma
revanche sur les siennes.

Je trouvai Susette qui n'avoit presque point changé d'attitude. Le tems
pressoit trop pour l'employer en paroles inutiles ; elle me tendit la main
sans me rien dire ; & sans lui rien
dire je lui marquai l'excès de ma
joie par la volubilité de mes caresses.

Sa chûte avoit mis son habilement
dans un aimable désordre que je me

gardai bien de reparer. Oh ! mes amis ! félicitez-moi. Je vous ai dit que le mariage de Suſette avoit fait fuir loin de moi le plaiſir & le bonheur, je les retrouvai tous deux aſſis ſur ſes genoux.

A moi, s'écria l'Abbé ; comme le caractere de mon Héroïne contraſte tout-à-fait avec celui de Suſette, il eſt bon que je raconte tout de ſuite mon aventure ; c'eſt le moyen de varier nos tableaux & d'éviter la monotonie.

J'étois encore dans cet âge d'ignorance où l'on croit offenſer les femmes en leur diſant qu'on les aime, & ſurtout en leur demandant une récompenſe qu'elles brûlent ordinairement d'accorder. Enfin j'étois encore timide, & mon petit Colet n'avoit pas produit ſon effet ordinaire.

Un jour que Durval, c'eſt le nom

d'un de mes parens ; un jour, dis-je,
que Durval m'avoit conduit à la Comédie Francoise , je vis entrer dans
la loge du Roi une grande femme
qui me frappa par son air de dignité Elle salua plusieurs Auteurs qui
étoient à côté de nous dans le parquet , & mon cœur sentit un mouvement de jalousie qu'il n'avoit jamais éprouvé : elle fit ensuite à Durval un signe d'amitié avec son éventail , & mon ame rassurée prévit dès
lors que la liaison de Durval avec
la Dame serviroit à me faire nager
un jour dans un torrent de délices.

Durval s'apperçut que je jettois
plus souvent les yeux sur la loge du
Roi que sur le théâtre ; il m'en fit la
guerre en souriant. Je rougis : « Que
» tu es simple, me dit-il , ne suis-je
» pas ton ami ? je veux être ton con-
» fident & te servir. Madame de la

» Cesure est une espece de muse,
» chez qui tous les beaux esprits de
» Paris se réunissent , & qui en a for-
» mé plusieurs. Je veux lui deman-
» der pour toi quelques mois de son
» tems. J'ai vu quelques vers de ta
» façon assez passables , en voila plus
» qu'il n'en faut pour te mettre en
» crédit. Demain , pas plus tard que
» demain , je te mene dîner chez
» elle. Je suis ton parent , j'ai de
» l'expérience , c'est à moi à te jetter
» dans le monde. »

Durval tint parole ; il me conduisit chez Madame de la Cesure. Nombre d'Auteurs avoient déja pris séan-
ce. On m'annonça comme un jeune
homme qui erroit quelquefois dans
le sacré valon ; je fus reçu avec l'air
le plus prévenant par la maîtresse de
la maison , & avec la morgue la
plus insolente de la part de mes Con-

freres en Apollon. D'abord je les dé-
teftai ; bientôt la haute idée qu'ils
avoient de leurs productions, le mépris qu'ils témoignoient pour celles
des autres, firent fuccéder la pitié à
l'indignation.

On avoit donné la veille une piece
nouvelle ; Madame de la Cefure demanda à fes Convives ce qu'ils en
penfoient ; chacun d'eux en avoit
très - fcrupuleufement remarqué les
défauts, & pas un n'avoit fait attention aux beautés. Indigné contre
cette façon de juger, je pris la liberté de leur repréfenter qu'on pouvoit décrier la meilleure piece en ne
préfentant que fon côté foible, que
malheureufement nous n'avions aucun ouvrage parfait ; tous me regar-
derent avec un ricannement pré-
fomptueux qui fembloit me dire :
« Il y a apparence que M. n'a pas lû
» les miens. »

Dès ce moment Madame de la Cefure parut affez contente de moi. Elle
me communiqua quelques-uns de fes
Ouvrages , que je ne manquai pas d'é-
lever au-deffus des productions de
l'illuftre Deshoulieres. Ses bontés
augmenterent de jour en jour , au
point que Durval crut qu'il étoit tems
d'en venir à une déclaration dans
toutes les regles , je la fis en tremblant ; un regard fier , mêlé d'indignation , fut la réponfe.

Je me crus ruiné fans reffource
dans l'efprit de ma Deïté ; je courus
chez mon Mentor foulager mon cœur
en lui faifant part de mon malheur.
Ah l'imbécile ! s'écria Durval en éclatant ! Gageons qu'il à fait fa déclaration en profe. — Sans doute. — Tant
pis , morbleu ! tant pis ! Ce font des
vers qu'il faut à Madame de la Cefure, ce font des vers ! Un Madri-

gal a pour elle la valeur de l'air dis-
cret chez les Prudes, du patelinage
chez les dévôtes, d'une jolie figure
ou d'une taille carrée chez le commun des femmes, & des livres ster-
lings chez les filles. Cours vîte monter Pegase, pique des deux, pour-
suis ta muse sur l'Hélicon, elle ne
fuira que jusqu'au premier bosquet.

CHAPITRE V.

L'Abbé fait des Vers, ils ont quelques succès, mais on exige de lui des ouvrages plus conséquens. Il se dépite & va offrir ailleurs le trésor qu'il destinoit à Mme. de la Césure.

J E suivis l'avis du meilleur des parens possibles. Je fus rêver dans les allées du Luxembourg ; il étoit isolé comme à l'ordinaire : j'y vis deux Vieilles qui présidoient gravement aux nôces de leurs chiens. Une Sœur grise, qui tête à tête avec un Moine marchandoit vraisemblablement de l'eau des Carmes. Un faquin de Précepteur, qui, pour avoir l'air d'un Abbé d'importance, faisoit promener son Elève loin de lui. Quelques vieux

Radoteurs appellés Nouveliftes, &
une Fille, encore fubalterne, qui fol-
licitoit auprès d'un Suiffe la permiffion de gagner fon dîner dans un coin
du bois. Ces divers objets n'étoient
pas en état de me diftraire ; auffi
eus-je bientôt broché une Epître,
dans laquelle je demandois hardi-
ment, en langage des Dieux, les
chofes les plus terreftres.

Muni de mes Vers, je me préfen-
tai fierement chez Madame de la Céfure. On me dit qu'elle étoit dans
fon jardin ; j'y volai. Je la vis dans
un berceau délicieux, & qui me
parut fait pour difpofer ma Mufe à
la reconnoiffance. Le demi-jour qui
y régnoit, le parfum qu'exhaloient
les fleurs dont il étoit orné, le mur-
mure des feuilles qui le garantif-
foient des ardeurs du Soleil, les
plaintes amoureufes d'une infinité de

petits oiseaux qui l'habitoient, tout annonçoit le Dieu de la tendresse; tout annonçoit un réduit charmant pour lui offrir des sacrifices.

Peut-être le berceau n'avoit-il tant d'attraits à mes yeux que parce qu'il étoit embelli par la présence de la beauté que j'aimois : elle m'y parut aussi plus séduisante que partout ailleurs. La Divinité & le Sanctuaire se prêtoient mutuellement des charmes.

J'admirai quelque tems l'un & l'autre avant de me montrer. Madame de la Césure étoit dans le déshabillé le plus galant. Son pied extrêmement petit sembloit se perdre entierement sous le nœud de ruban qui le couronnoit. Un jupon de taffetas blanc, garni d'un falbala rose, laissoit voir la moitié d'une jambe si fine, si déliée, qu'en peu de tems elle conduisoit bien loin l'imagination.

Son casaquin, plus léger que le vent, découvroit de tems en tems une gorge arrondie par la main des Graces, sur laquelle les Plaisirs & les Jeux paroissoient se rouler voluptueusement. Dieux! vous savez où les conduisoient la plus douce des pentes? . . . . Dans leur sanctuaire.

Madame de la Césure, après avoir resté quelques instans dans une agréable rêverie, prit dans sa poche les Vers qu'on lui avoit envoyés à son réveil. Elle se coucha à demi sur un sopha de bois peint ; quelques roses baisserent leur tige pour se reposer sur son visage & sur sa poitrine ; je fus jaloux en même tems des vers, du sopha & des fleurs ; je m'écriai involontairement : ô Dieux! qu'elle est belle! & ce cri m'annonça.

La Dame me reçut d'abord avec sa dignité ordinaire ; mais voyant mon

Epître , elle me fourit affectueufe-
ment , & fes yeux , animés tout de
fuite par la tendreffe , eurent foin
de me dire : « Ne foyez pas allarmé
» par la fierté apparente dont je m'ar-
» me quelquefois : l'amour fait la faire
» difparoître. »

Mes Vers furent lus plufieurs fois ,
& parurent toujours plus charmans.
On me permit de les faire inférer
dans les Journaux , & l'on me parla
ainfi : « Mon cher Abbé , je fuis
» franche. Je vous avouerai que du
» moment que je vous ai vu , j'ai pris
» à vous l'intérêt le plus tendre ,
» que je vous aime enfin ; mais vous
» êtes entouré d'une foule de rivaux
» qui tous ont des prétentions fur
» mon cœur. Juftifiez la préférence
» que je veux vous accorder. Que
» votre mérite éclate. Ofez entrer
» dans la lice , faites - vous impri-

» mer, & triomphez de vos rivaux.
» La chose ne vous sera pas bien dif-
» ficile. L'un fait paroître Melpo-
» mene en pet-en-l'air ; l'autre fait
» hurler & larmoyer Thalie ; on
» bâille aux Opéras-Comiques de ce-
» lui-ci ; on s'endort sur les Romans
» ou les petits Vers de celui-là. Pu-
» bliez un Ouvrage qui prenne un
» peu dans le monde, vous les éclip-
» serez, & je vous reçois Académi-
» cien à Cythere. »

O tems ! ô mœurs ! dis-je intérieu-
rement, tout est corrompu ! tout est
renversé ! Il faut donc auprès des
femmes faire présentement preuve
de richesse, d'esprit ou de noblesse,
comme pour être admis dans quelque grande entreprise, dans une Société Littéraire, ou à Malthe. Hélas !
au bon vieux tems, on n'avoit besoin
d'aucun de ces titres pour entrer

dans le Temple de Gnide, il suffisoit
d'aimer, & d'être honnête.

Je crus, d'après le tendre aveu
échappé à Madame de la Césure,
qu'en attendant ma réception à l'A-
cadémie dont elle venoit de me parler, elle daigneroit m'y agréer, c'est-
à-dire me faire jouir à peu près des
avantages accordés aux Académi-
ciens. Je la conjurai, je dévorai ses
belles mains de mes baisers brûlans,
mais envain. Piqué du peu de succès de mes levres, j'appellai mes mains
à leurs secours ; je les priai de combattre la rigueur de mon ennemie
en la livrant aux desirs. Elles ressem-
blerent pendant long-tems à celles
d'un enfant qui fourage un parterre,
cueille mille fleurs l'une après l'autre,
& les abandonne pour voler à une
nouvelle. La rose & les lys devinrent
tour-à-tour les victimes de ma témé-

rité. J'agaçai les plaisirs jusques dans leur foyer : hélas ! ce fut inutilement. Madame de la Césure me répondit toujours par une espece de rondeau redoublé, dont le refrain étoit : *Publiez un Ouvrage qui prenne dans le monde, & je vous fais Académicien à Cythère.*

Je quittai Madame de la Césure d'assez mauvaise humeur, & j'allai prendre l'air aux Thuileries ; j'en avois besoin. Ma rêverie me conduisit au Cours-la-Reine, delà à Chaillot. J'allois revenir sur mes pas, lorsqu'on m'appella des fenêtres d'une petite maison ; je regardai, je vis Elvire & Clotilde sa sœur. Tout le monde sait qu'elles ne sont pas cruelles ; je m'en félicitai, & je volai dans le dessein de leur offrir l'hommage que je n'avois pu faire accepter à Madame de la Césure. Il me pesoit.

Je dis & je fis en peu de tems mille folies avec les deux sœurs ; elles les prirent si bien , qu'Elmire se plaignit d'un grand mal d'estomac , & pria sa sœur d'aller dans une autre piece chercher une liqueur qu'elle lui nomma. Mais Clotilde dit qu'elle avoit une colique affreuse , & conjura sa sœur d'aller elle même chercher le remede.

Je vis bien que la colique & le mal d'estomac avoient la même cause, & je me proposai d'employer le même élixir pour les guérir.

La cadette ou l'aînée cédera , me disois-je tout bas. Je m'arrangeois en conséquence, quand les deux sœurs commencerent à se quereller. Elle auroit pû me voir pâmer, disoit l'une, qu'elle n'auroit pas fait un pas pour me soulager. Elle m'auroit vue mourir , continua l'autre, qu'elle n'au roit pas eu pitié de moi..... Ah, le méchant naturel !... Fi, le mauvais cœur !....

J'étois extrêmement piqué d'avoir perdu à si beau jeu, & je conseillai ironiquement aux deux Dames de ne plus se confier leurs maladies. Tout-à-coup le Ciel s'obscurcit, les éclairs sillonnerent les airs, la foudre gronda ; il survint enfin un orage tel qu'on n'en a jamais vû de pareil dans aucun Roman, pas même à l'O-péra.

Bon ! vous passerez ici la nuit, me dit Clotilde en folâtrant avec moi : nous coucherons dans cette chambre où il y a deux lits jumeaux, & Fan-fan (c'étoit un fils d'Elvire âgé de huit ans) qui a son dodo dans la piece voisine, vous le cédera, il cou-chera avec moi. Fanfan répondit qu'il en étoit bien aise, parce qu'il avoit

peur

peur des esprits & des sorcieres lorsqu'il étoit seul la nuit. Elvire sortit
pour donner quelques ordres , elle
me serra la main en passant , & me
dit tout bas : « Quand Fanfan est
»une fois endormi , l'on pourroit
» abattre la maison, qu'il ne s'éveil-
» leroit pas. »

Ces mots étoient significatifs , cependant je ne compris pas ce qu'ils
vouloient dire ; dans ce moment j'é-
tois occupé de Clotilde. Je m'appro-
chai d'elle , & je lui dis en soupirant :
Ah ! votre lit sera ce soir bien près du
mien !—Eh bien !— Si vous vouliez
permettre que j'allasse vous parler en
secret.—Gardez-vous en bien.—Ah!
cruelle ! inhumaine. — Quelle folie !
Quand je suis dans mon lit, on pour-
oit m'emporter que je ne cesserois
pas de dormir ; ainsi , si vous venez me trouver , vous serez bien

attrapé, je ne vous répondrai point.

Elvire rentra en annonçant qu'il falloit vîte se coucher pour ne pas entendre le tonnerre. Je dis que j'avois besoin de repos ; mon dessein n'étoit pourtant pas d'en prendre. On se couche ; on fait éteindre jusqu'aux bougies de nuit ; j'entrouvre ma porte, je tremble, le cœur me bat , & me voilà retenant mon haleine , marchant sur la pointe du pied dans la chambre des deux sœurs.

CHAPITRE VI.

Deux bonnes fortunes manquées, comment. L'Abbé revient à Madame de la Césure. Façon de faire un Ouvrage bien vîte, & de le rendre célèbre.

JE gagnai d'un pas mal assuré le lit de Clotilde : j'entrouvris ses rideaux, je lui donnai un million de baisers. Clotilde ne se fâcha point, parce qu'elle étoit sensée dormir, comme elle l'avoit ingénieusement projetté. Je fus piqué de son sang-froid ; je résolus de prendre un poste si avantageux, qu'elle seroit obligée de se trahir, du moins par quelque geste ; je m'en emparois en effet ; mais son lit se plaignit à plusieurs reprises, & très-haut, comme s'il n'eût jamais été qu'un lit de repos. Elvire entendit les cris de l'indiscret, & demanda ce qui les occasionnoit.

Clotilde feignit alors de s'éveiller en sursaut. « Oh, bon Dieu, dit-
» elle, que je viens de faire un vilain
» rêve ! J'ai songé qu'un serpent se
» glissoit dans mes draps. » Pour cette fois le songe n'étoit pas mensonge.

Je m'éloignai avec précipitation du lit de Clotilde ; j'étois si troublé, qu'au lieu de regagner le mien, j'allai vers celui d'Elvire. Ma main en tâtonnant frappa précisément dans la sienne. Elle crut que je la cherchois ; elle m'attira à elle, & m'embrassa sans me dire un seul mot, crainte d'être entendue par sa sœur, ou d'éveiller son fils ; je lui répondois avec un silence aussi éloquent, lorsque Fanfan s'éveilla, tâta, écouta, & s'écria en pleurant : « Ma Tante,

» venez vîte au secours de Maman !
» Un Sorcier l'étouffe ! Elle ne peut
» plus respirer. »

La Tante plaisanta sur le prétendu
Sorcier, la Mere parla en grondant
du prétendu serpent, le fils eut le
fouet pour lui apprendre à avoir peur
si mal à propos ; pour moi, je me re-
tirai dans ma chambre ; & voyant le
lendemain, que les deux sœurs avoient
malignement résolu de ne point se
séparer, je revins à la Ville, où mon
cœur se tourna encore vers son premier vainqueur.

Je dis à Durval ce que Madame
de la Césure exigeoit de moi. « Eh
» bien, me répondit-il, te voilà bien
» embarrassé ! Achette un ouvrage
» tout fait ; tous nos beaux esprits du
» bel air te donnent l'exemple. Crois-
» tu bonnement que ces petites Pie-
» ces de persiflage, ces Drames qu'ils

» jouent à la campagne, ces Vers
» anodins qu'ils fement à tort & à
» travers foient de leur compofition !
» Quelle erreur ! S'ils font à eux, c'eft
» qu'ils les achetent, ainfi que l'Abbé
» Roquette achetoit fes Sermons ; en-
» core en connois-je quelques-uns
» qui ont la lâcheté de frauder les
» Auteurs qu'ils font travailler. En
» vérité, cela crie vengeance. J'ai été
» jeune, je fais qu'il eft permis à des
» gens comme il faut, d'excroquer
» des Marchands, des Filles, & des
» vieilles Folles ; mais les Auteurs !
» fi ; c'eft être bien poffédé du dé-
» mon de l'efcroquerie. Il faut payer
» exactement fon Chirurgien & fon
» Bel-Efprit, ils peuvent caufer. »

A propos ! s'écria Durval, que ne
mets-tu en ufage l'expédient dont
M. ***. s'eft fervi pour devenir Auteur tout d'un coup ? J'ai deux La-

quais qui favent écrire , le tien eft
auffi favant ; envoye-les à la Bibliotheque de ce Financier de notre connoiffance qui a tant de Livres fi bien
reliés , & qui n'en lit aucun. Nos
gens copieront ce qui tombera fous
leur main ; tu rajeuniras tout cela , &
tu le donneras effrontément au Public fous ton nom. Quand on s'ap-
percevroit de ton larcin, ta gloire
n'en feroit pas diminuée : les petites
filouteries font prefque auffi permifes
au Parnaffe qu'autour d'une table de
jeu. Demande plûtôt à M. un tel ,
& à Madame une telle.

Ma pareffe & mon impatience me
confeillerent de fuivre l'avis de Durval. Dans moins de huit jours je me
trouvai poffeffeur de dix à douze ca-
hiers , qui , fuivant le goût ou la fan-
taifie de mes copiftes , étoient rem-
plis de Sentences , d'Epigrammes , de

Contes , de Chanſons , de petites Epîtres à des Cloés qui n'avoient jamais exiſté , d'Hiſtoires Angloiſes morales & philoſophiques, de Drames même , parce que mon Laquais les aimoit. Je fis mêler tout cela enſemble , ce qui compoſa un Ouvrage aſſez conſidérable. Il me plut de l'intituler modeſtement: *mes Caprices.*

Il ne fut plus queſtion enſuite que d'employer toutes les coquetteries du Parnaſſe uſitées pour donner de la célébrité à un ouvrage, & je mis en uſage les plus eſſentielles.

PREMIEREMENT.

Je fis préſent de mon Ouvrage à un Imprimeur, à condition qu'il me le dédieroit , & que dans une Préface longue & ennuyeuſe, ſelon l'uſage, il me demanderoit pardon de

m'avoir fait voler mon Manuscrit
après m'en avoir offert envain une
somme considérable. Qu'au surplus,
il espéroit que je lui pardonnerois son
larcin en faveur de l'obligation que
le Public lui auroit, & du zèle avec
lequel, &c.

SECONDEMENT.

Je me fis graver à grands frais. Je
composai moi-même les Vers fades
qu'on mit au bas de la gravure. Je
soutins ensuite avec la derniere ef-
fronterie qu'un ami avoit prêté un
de mes Portraits à son Graveur, &
avoit malgré moi fait mettre mon
Estampe à la tête de mes Ouvrages.

TROISIEMEMENT.

Je convins avec l'Imprimeur, pour
la gloire de mon Livre, qu'après
avoir fait la planche, il en tireroit

tout de fuite trois Editions; mais
chacune de cent exemplaires feulement. La premiere fur du papier
commun, la feconde fur du papier
fuperbe, & la troifieme enrichie de
vignettes, de culs ou de fonds de
lampe, & d'Eftampes magnifiques,
pour la commodité des Etrangers qui
n'entendent pas le François ; duffai-
je ne paffer que pour un Marchand
d'images.

QUATRIEMEMENT.

Je donnai à fouper aux petits
Aboyeurs du Parnaffe, qui, d'après
mon Cuifinier, me jugerent un
homme admirable, divin, incompa-
rable. Auffi, dès le lendemain, les
Journaux furent-ils inondés de Vers
à mon honneur.

Des précautions auffi fages ne man-
querent pas d'affurer à mon Ouvrage

tout le succès que je m'étois promis : les Savans s'en moquerent ; les Sots, qui font en plus grand nombre, m'é-leverent au-deſſus d'Anacréon, d'Ho-race, de la Fontaine, de l'Abbé Prevôt, de la Chauſſée. Hélas ! j'é-tois tout au plus l'égal de.... de.... de.... de.... de.... &c. &c. &c. Aſſurément, l'on ne peut pas être moins.

Il eſt tems que j'aille chez Madame de la Céſure recueillir le fruit de mes veilles, & joindre les mirthes de Cypris aux lauriers d'Apollon. Je vole ; on me dit que la Dame eſt dans ſa Bibliotheque : je mets mon Ouvrage à ſes pieds ; elle ſe récrie ſur ma facilité : je réponds galament que m'ayant inſpiré, elle ne doit pas en être ſurpriſe : je demande avec précipitation la récompenſe de mes peines ; & joignant le geſte à l'expreſfion, je porte la main fur la couronne des Amans heureux.

Arrête ! arrête donc ! me dit Madame de la Céfure, fongez qu'Apollon perdit Daphné pour l'avoir brufquée; craignez de me voir fuir comme cette Nymphe. — Ah, Madame ! fouvenez-vous qu'elle s'en repentit ; ne l'imitez pas, de grace, ou du moins, fi vous vous échappez de mes bras, que ce foit pour fuir vers votre lit. — Vers votre lit ! répéta Madame de la Céfure avec dédain. Que vous avez des termes profaïques ! Quoi ! votre nouveau titre d'Auteur, cette Bibliotheque, la noble paffion que vous me connoiffez pour les Vers, rien ne pourra-t-il vous élever au ton poétique ? Pour vous punir je veux refter ici, me dit-elle, en fe plaçant auprès d'un grand *in-folio*, fur le dos duquel je vis écrit en lettre d'or : *Effai fur la Nature.*

Étonné du caprice poétique de la Dame, je lui dis : La Poéfie a fes licences, mais celle-ci paffe les bornes que j'y mets. Je cherchois dans tous nos Poëtes des termes pour la déterminer à abandonner un pofte qui me paroiffoit très - incommode, quand elle pouffa du pied un petit reffort ; le prétendu Livre fe déploya, la Nymphe fe trouva voluptueufement étendue fur un canapé : le bois en étoit fculpté, & repréfentoit les tendres aventures d'Apollon : on l'y voyoit fe précipitant dans le fein de Thétis, & fe confondant fi bien avec elle, que les Naïades, en foupirant, étoient étonnées de ne pas diftinguer la Déeffe d'avec le Dieu.

CHAPITRE VII.

*L'Abbé monte son imagination, &c.
L'Actrice de Province raconte son
histoire.*

CE portrait, & plusieurs autres,
joints aux charmes de Madame de
la Césure, montcrent tout-à-fait
mon imagination. Dans l'entousiasme
de mon délire poëtique, je compa-
rai mon Héroïne non à une simple
Muse, mais au Parnasse même. Elle
sourit à la comparaison ; je me hatai
de lui prouver qu'elle étoit juste.

Le trésor que son mouchoir cache
ordinairement aux regards de tous
profanes, ne font plus deux globes
de neige. Loin de nous toute comparaison si commune ! Je vois, je

touche la double colline, je par-
viens au sommet, j'y domine. La
pente agréable du double mont me
conduit insensiblement dans le sacré
vallon. Qu'il est agréable ! & qu'il
fait naître des belles idées !

Je prends la route du bosquet enchanté. Qu'il est toufu ! qu'il est
sombre ! qu'il est doux de s'y perdre !
que l'entousiasme qu'il vous inspire
est divin !

Enfin l'Hipocrêne, cette fontaine
délicieuse, dont l'eau, ou pour mieux
dire, dont le nectar, cause la plus
agréable des ivresses ; cette fontaine
enchanteresse s'offre à mes regards.
Pegase étend les aîles ; il devient
fougueux ; la soif le dévore ; il vole
se désaltérer, & le feu qui l'enflamme
se communique à la source même.

Et à nos sens, s'écria la Comédienne, tant vous peignez bien, Mon-

fieur l'Abbé. Pour moi, qui n'ai l'honneur d'être ni Poëte ni Orateur, je vais tout fimplement raconter mon aventure. Je fuis née dans une petite Ville aux environs de Paris. Mes parens étoient des Bourgeois honnêtes, mais pauvres. La Marquife de.....qui me trouva un minois revenant, me prit à fon fervice. Comme elle aimoit beaucoup la Comédie, qu'elle la jouoit, que je m'acquittois affez bien des bouts de rôles qu'on me confioit, elle me traita avec bonté. Son époux avoit des valets de chambre muficiens ; je devins fa femme de chambre Actrice.

J'avois déjà trois luftres ; je jouois la Comédie depuis un an ; cependant le croira-t-on ? j'étois encore très novice. L'air de la Capitale, la lecture des Romans, l'exemple de la Marquife, me rendirent en peu de

tems savante. D'un autre côté, les
soucis d'une fille de quinze ans, les
espiegleries du fils de la maison, qui
me donnoient des insomnies, ou qui
me revenoient pendant mon sommeil, mes roses qui disparoissoient,
mon embonpoint qui diminuoit; tout
me conseilloit avec la plus grande
énergie, de joindre à une théorie
insipide la plus agréable des expé-
riences; & à me défaire d'un bien,
dont on ne jouit qu'à mesure qu'on
le prodigue.

Un jour, qu'à la suite d'une tendre rêverie, le dépit m'avoit jettée sur
un sopha dans le bras du sommeil;
je rêvai à mon ordinaire du Marquis; le desir m'éveilla, & je vis
dans une glace que le désordre de
ma parure se sentoit du désordre de
mes sens, & l'égaloit presque. Su-
rement ce n'est pas peu dire !

Mes cheveux dérangés, me donnoient un petit air tout-à-fait mutin ; ma gorge à demi-découverte
sembloit, en s'agitant, vouloir re-
jetter tout-à-fait un mouchoir trop
importun : la Cour étoit en deuil,
& mon jupon laissoit voir à travers
quelques plis un peu trop relevés
un bas noir qui faisoit paroître encore plus mignone ma jambe déjà
très-fine : deux travers de doigt d'un
genou de neige qui paroissoient à
travers un falbala de gaze, contras-
toient merveilleusement bien, &
fixoient agréablement la vue, sans
borner l'imagination.

Je me contemplois avec satisfac-
tion. Je me trouvai intéressante. Mon
cœur agité par l'amour propre & le
desir, souhaitoit que le Marquis pût
me voir dans ce désordre séduisant ;
quand j'apperçus sa figure dans le

même miroir. Ses yeux n'avoient pas resté oisifs , aussi pétilloient-ils de la flamme la plus étincelante. Je voulus fuir ; une de mes mules , en se détachant , m'arrêta dans ma fuite , elle irrita en même tems par sa petitesse la curiosité & le désir de mon jeune amant.

Il s'élance , fond sur moi avec l'agilité d'un oiseau , & devient si entreprenant ! si entreprenant ! que je ne puis , en honneur , m'empêcher de crier. J'allois redoubler , mais le fripon savoit que l'Amour est un enfant ; il se ressouvint que dans sa tendre jeunesse on appaisoit toutes ses petites coleres en lui montrant un joujou , & le traitre eut recours au même expédient. Ma fierté , ma raison n'avoient déjà plus le plus petit mot à dire , quand Manon , l'une de mes compagnes arriva ; il étoit tems.

Tout jufqu'à la curiofité me preffoit de me rendre. J'oubliois les maux qu'elle avoit caufés à nos premiers parens, pour me peindre les plaifirs qu'elle procure à leurs enfans.

Manon étoit clair-voyante ; elle s'apperçût de ma foibleffe ; je lui en fis l'aveu. Cette bonne amie prit part à ma fituation ; & fi elle m'allarma fur le danger qu'on court avec les hommes, quand on anticipe fur les droits de l'Hymen, elle me conduifit, dès l'inftant même, fous une charmille, pour m'apprendre l'art de goûter fans rifque des plaifirs volés au célibat.

Notre efpece de converfation étoit intéreffante ; Manon étoit bavarde ; je m'apperçus que je ne le ferois pas mal, lorfque ma langue feroit tout-à-fait déliée ; & elle auroit duré longtems, fi nous n'euffions entendu

quelque bruit ; Manon me promit
de venir la continuer dans mon lit,
lorsque Madame seroit couchée. Le
petit espiégle de Marquis qui avoit
tout vû , tout entendu, sut y mettre
bon ordre. Vous allez savoir comment. Ah le fripon !

CHAPITRE VIII.

Attrapez - moi toujours de même.
Cabinet du Robbin.

LE jour fuit, la nuit vient, deux heures sonnent, je me couche, j'éteins ma bougie ; je suis à peine arrangée dans mes draps que j'entends fermer la porte de ma camarade, ouvrir la mienne, marcher dans ma chambre : je crois que c'est mon amie ; point du tout ! c'est mon ami, qui a prudemment enfermé sa rivale à double tour, & qui, guidé par le flambeau de l'Amour, vient s'emparer d'une place qu'il doit remplir bien mieux qu'elle.

Une chemise & une coëffe de femme, un manteau de lit, le reste de l'attirail feminin qu'avoit pris la fauſſe Manon, le mépris avec lequel elle affectoit de parler des hommes, tout contribuoit à prolonger mon erreur. Les traitres ! les perfides ! les ſcélérats ! diſoit-elle, d'une voix baſſe, comme pour n'être pas entendue de la chambre voiſine : ſi tu ſavois ma petite avec qu'elle indignité l'un de ces monſtres a ſéduit, ou pour mieux dire, a triomphé de mon innocence : Quoi ! tu n'as pas ? — Hélas non ! je l'ai perdue cette fleur précieuſe qu'on ne peut cueillir qu'une ſeule fois, & je vais te raconter comment, afin qu'inſtruite par mon exemple tu puiſſes conſerver la tienne.

Avant d'appartenir à notre Marquiſe, j'étois à une jeune Provençale, vive, ſémillante ; l'égalité de notre âge, la conformité de nos goûts, le penchant que nous ſentions pour

le plaisir, la crainte que nous inspiroient ses imprudentes suites, tout
nous rendoit très intimes amies. La nuit
quand sa maman étoit endormie, elle
se glissoit dans mon lit, nous nous
exposions nos soucis, & nous nous
consolions mutuellement.

Jusques-là il n'y avoit pas de mal ;
mais hélas ! cette jeune personne
avoit un frere vif, entreprenant,
téméraire, amoureux : il prit un soir
tout l'ajustement de nuit de sa sœur,
vint me joindre, & fit si bien que
croyant embrasser ma jeune maîtresse,
je réchauffai dans mes bras & sur
mon sein le serpent qui devoit me
piquer.

A peine fut-il dans mon lit, que
le traitre appella le desir au bruit des
baisers qu'il cueilloit sur ma bouche
avec autant de rapidité que moi sur
la tienne.

La

La feinte Marton, ajouta l'Actrice, eut l'art d'augmenter ma curiofité, & je lui dis avec le plus vif intérêt.... Enfuite que fit-il ?—Enfuite ? Il porta la main fur deux globes d'albâtre, qui dans ce tems-là étoient unis, fermes, charmans, comme ceux que je touche. Plus d'un fage, en les voyant, avoit fenti qu'il étoit homme, & avoit chéri fa foibleffe.

Enfuite ? — Enfuite, il les preffa doucement, ainfi que je fais. Il careffa tendrement leur aimable contour, & fembla vouloir les arondir encore fous les doigts de la volupté.

Enfuite ? — Ses mains & fes levres s'emparerent tour à tour, comme les miennes, de deux boutons de rofe, & le plaifir les fit épanouir.

Enfuite ? — Oh enfuite, s'écria le Marquis, fans fonger davantage à contrefaire fa voix, l'Amour qui ap-

D

plaudiſſoit à ce jeu, lança ſon trait, & rencontra la veine du vrai bonheur.

Je ne ſaurois vous peindre fidele-ment les ſentimens qui m'agiterent dans ce moment. J'étois en même tems & fâchée & charmée ; d'une main je repouſſois le Marquis, de l'autre je le retenois. Je lui dis d'une voix étouffée qu'il me manquoit, que cela étoit fort vilain à lui ; « Te » manquer mon enfant, me répon-» dit il. Oh parbleu ! il n'en ſera » rien. Tiens voilà pour te convain-» cre du contraire ». En effet, je ne pouvois déjà plus lui faire ce repro-che. Il m'échappa un cri de douleur, j'en pouſſai vingt de joie, & le plaiſir me dicta ce vœu : Oh Dieux ! qu'on m'attrape toujours de même.

Ainſi finit la Comédienne de cam-pagne la nature de ſon vœu le mo-ment dans lequel elle l'avoit fait ;

tout étoit caution de sa sincérité.
Nous lui demandâmes s'il avoit été
souvent exaucé, & nous plaisan-
tâmes quelque tems sur nos diverses
aventures ; mais froidement. La conversation languit ; les bons mots ne
se succedent plus avec vivacité ; le
Champagne nous semble fade ; les
charmes mêmes que nous avions tant
admirés, commencent à nous paroître très-ordinaires. Profanes que nous
sommes ! nous touchons au sanctuaire
des délices, sans éprouver la moindre émotion.

Le Président s'apperçut du mauvais rôle que nous allions jouer &
faire jouer à nos Actrices. Qu'est-ce,
mes amis, nous dit il ? le Dieu que
nous servons, ainsi que Mars, déteste les foibles courages ; l'ignorez-
vous ? Venez avec moi dans un
champ, où vous retrouverez toute

votre valeur. Nous le suivons ; il ouvre une porte secrete ; un cabinet enchanté se présente à nos yeux.

Il est quarré, le plafond est d'un bleu céleste parsemé d'étoiles d'argent ; d'un côté brilloit, quand nous entrâmes, un Réverbere, taillé en demi-lune, qui réfléchissoit sur un verre rouge placé vis-à-vis ; de sorte qu'on croyoit voir coucher l'amante d'Endimion, & lever l'épouse du vieux Titon.

Dans chacune des étoiles qui ornent le plafond, sont des petits tuyaux imperceptibles, qui distilent une eau odoriférente ; & ces perles parfumées, en tombant sur des fleurs dont le parquet est parsemé, imitent assez bien les larmes de l'Aurore, ou les pierreries que cette Déesse prodigue tous les matins pour embellir nos parterres.

Un sopha qui regne tout au tour
& qui est extrêmement battu , sembloit nous dire à quel usage il étoit
destiné ; nous y prîmes place & nous
fîmes l'éloge de sa commodité.

Le Président , possedé dans cet
instant du démon de la propriété,
jouissoit du plaisir que nous avions
à voir son cabinet , & renchérissant
sur les éloges que nous lui donnions:
Il est divin ! délicieux ! disoit - il ;
mais parbleu il me coûte cher ! puisque ne voulant rien avoir de com_
mun, j'ai, avant de le faire construire,
parcouru tout les Boudoirs de Paris.
Je m'en sais gré. J'y ai puisé une
connoissance profonde du cœur hu-
main. Oui ! vous avez beau rire. J'ai
voyagé dans les Boudoirs en Philo-
sophe ; & , graces à mes remarques,
je connois , en mettrant le pied dans
un de ces Temples , s'il est consacré

à la volupté, aux plaisirs effrenés, où à l'intérêt.

Vous êtes jeunes, ajouta le Président, après un instant de réflexion; le sage ne doit faire des découvertes que pour les publier, & les tourner au bien général : j'ai envie, pour vous instruire, de vous dépeindre quelques-uns des Boudoirs que j'ai vus. J'observerai de les ranger chacun dans leur classe. Jeunesse je parle, écoute, instruis-toi.

CHAPITRE IX.

Des Boudoirs consacrés à la Volupté.

CONSULTEZ toutes les femmes, elles vous diront que la volupté la plus délicate est leur appanage & leur guide ; mais gardez-vous de les croire sur leur parole ; la plûpart ressemblent à ces gros mangeurs, qui prétendent n'être que friands.

J'avouerai que j'ai vu très-peu de Cabinets où regnât la volupté toute pure, sans mélange d'intérêt ou de libertinage ; soit que très-peu de personnes en soient curieuses ; soit que les larmes qu'il faut répandre, les soupirs qu'il faut pousser, les beaux sentimens qu'il faut étaler pour y parvenir, ne mayent pas permis de multiplier mes connoissances.

D iv

(80)

Souvenez-vous surtout , mes chers
amis , de ne chercher des femmes
vraiment délicates que parmi celles
qui sont dans les premiers jours de
leur printems , ou vers la fin de
leur été. Une jeune personne, l'imagination remplie des Romans qu'elle
a lus dans son Couvent , & des plaisirs qu'ils ont décrits à son cœur
encore pur , conserve quelque tems
l'idée qu'elle s'en étoit faite ; jettée
dans le monde , entraînée par son
tourbillon dans un cercle de travers
& de ridicules ; la frivolité , la folie
du jour deviennent ses guides ; elle
perd de vue le vrai plaisir , & n'est
ramenée à lui que par la saciété du
faux. Je la regarde alors comme ces
parasites de profession , qui ne se
déterminent à manger sobrement
chez eux , des aliments salubres &
délicats , que lorsque les mets em-

poifonnés qu'on fert fur la table des Grands & des Financiers ont délabré leur eftomac.

Le Boudoir de la Préfidente de..... n'a pour tout ornement qu'un tableau , repréfentant l'aventure de Leda & Jupiter métamorphofé en Cigne. Leda , la tête penchée par le plaifir , les yeux à demi fermés par l'amour, preffe d'une main le duvet de fon Amant , de l'autre elle écrafe , fans s'en appercevoir , un tendre rofeau qui par hafard s'eft trouvé fous fes doigts. Ses levres encore mieux occupées preffent le bec de l'oifeau célefte , qui de fon côté décelle prefque fa divinité par l'air dont il jouit de fon bonheur.

S'il eft vrai que les Cignes chantent mélodieufement à l'heure de leur mort , quel dommage que la Peinture ne puiffe pas rendre toutes

les idées de la Poéfie ! Jupiter métamorphofé en Cigne & expirant
d'amour dans les bras de Léda, auroit fait retentir à nos oreilles des
fons bien touchans.

Vous ne vous douteriez jamais que
la petite Baronne de..... avec fon
extérieur glacé, eût un réduit amoureux dont elle a tiré tout le parti
poffible. J'ai eu le bonheur d'y être
introduit après fix mois de foins, de
foupirs & de larmes. Il eft tapiffé de
mirthes artificiels, fur lefquels ni-
chent une infinité de ferins ; comme
on a eu grand foin de ne leur fiffler
que des airs tendres, ils n'en répe-
tent point d'autres.

Lorfque ces petits animaux voyent
paroître leur maîtreffe, il femble que
l'amour & la reconnoiffance rendent
leur concert plus mélodieux. Quelques-uns même abandonnent leur

chant , & fe réuniffent deux à deux
pour inviter à la tendreffe par des
exemples frappans.

Ce fpectacle fi fimple , fi naturel,
m'amufa quelque tems , ainfi que
l'efpece d'Idylle que la Baronne
adreffa à fes petits oifeaux. « Venez,
» mes amis , leur difoit elle , oui, je
» vous aime. Eh ! qui le mérite mieux
» que vous ? Vous êtes tendres , fi-
» deles , empreffés , l'indifcrétion
» n'eft pas un plaifir pour vous » Elle
leur ouvrit enfuite une des cages cachées fous les mirthes. Il falloit les
voir voler , fe difputer le bonheur
de bequeter doucement les levres de
la Baronne. Les plus heureux ref-
terent poffeffeurs de ce pofte agréable ; les autres prirent leur parti , &
allerent battre amoureufement de
l'aîle fur fa gorge.

« Finiffez donc , mes chers petits

D vj

» enfans, leur difoit-on avec une voix
» entrecoupée & des yeux clignotans.
» Rentrez dans votre cage, vous
» allez vous tuer. » Mais on n'a-
voit pas la force de les écarter. Je
fus jaloux de leur bonheur ; je leur
donnai un rival , je demandai la préférence pour lui ; on convint, en le
mefurant de l'œil , qu'il la méritoit,
& les amans aîlés qu'on lui facrifioit
eurent la générofité de chanter fon
épitalame.

La Marquife de..... fait encore
marier à fes plaifirs la fimplicité la
plus aimable. Elle a pour les fleurs
la paffion que la Baronne a pour les
oifeaux. L'Amant le plus féduifant ne
feroit pas dangereux pour elle s'il
n'étoit paré d'un bouquet. Seroit-ce
en fa faveur que nos Petits-Maîtres,
même nos jeunes Magiftrats , font
abonnés avec des Bouquetieres ?

Un jour que je dînois tête-à-tête avec la Marquise, elle prit une rose dont son corset étoit orné, & la mit dans le sceau qui étoit à côté d'elle. A mesure que la fleur s'épanouissoit dans l'eau, le cœur de la Dame s'épanouissoit aussi. Elle soupira, fixa la rose en rougissant, lui donna un baiser, & dit avec une voix étouffée & comme en respirant : Ah ! c'est ainsi que je me figure une femme au moment où elle renaît dans les bras d'un objet chéri.

Dès cet instant même, je devins passionnément épris de la Marquise; & l'amour me la peignit à toute heure du jour & de la nuit disputant à la rose, l'avantage de s'épanouir & de renaître plus voluptueusement.

Je me parai journellement d'un bouquet énorme, moi qui n'en avois jamais porté ; la Marquise m'en fut gré ; peu à peu elle daigna m'écouter favorablement. Elle m'avoua qu'elle avoit le cœur sensible, mais très délicat, & qu il lui étoit impossible de se faire aux manieres brusques de son mari, que la grossiereté accompagnoit jusques dans le sein des plaisirs. Figurez-vous : me dit-elle, un Pandoure qui porte brusquement la main sur une corbeille de fleurs, en prend une poignée, les presse sous son nez, & les jette.

Dieux ! m'écriai-je avec transport, quoique sur un ton d'églogue, si la Flore que j'idolâtre daignoit jamais me confier la plus petite fleur, je savourerois à longs traits la volupté de la voir, de la toucher délicatement, de la couvrir de mes baisers, d'en éparpiller doucement toutes les feuilles l'une après l'autre avant de chercher le bonheur dans son calice;

& la délicatesse même fileroit mes
plaisirs.

La Marquise alloit me répondre,
lorsque son mari entra. Il me per-
siffla grossierement sur mon bouquet,
& demanda aussi grossierement à sa
femme si c'étoit en son honneur
qu'elle en portoit un jaune. Elle leva
les épaul s, & sortit en disant entre
ses dents : « Ah le gros butor ! qu'il le
» mériteroit bien ! » Il ne le porta
pas loin.

Dès le lendemain je volai chez la
Marquise. On me dit qu'elle étoit
dans son cabinet. J'entrai ; je fus
ébloui enchanté par la diversité des
fleurs dont il étoit orné. Elles frap-
poient en même tems la vue & l'o-
dorat : la Divinité étoit couchée sur
son canapé avec un deshabillé jon-
quille. Elle avoit fait placer à côté
d'elle deux grands vases dans lesquels

étoient deux branches d'aube-épine qui formoient un berceau autour d'elle. Le point de vue étoit charmant. Il fit naître à Zéphir le defir de figurer avec Flore dans la même niche.

Je voulus écarter un des vafes, l'on fe fâcha ; je fus contraint de me glif* fer entre les branches fleuries. Je ne pus le faire qu'aux dépens de quel* ques piquures. Je me préparois à les rendre avec ufure à la beauté qui en étoit la caufe, lorfqu'une épine pénétra dans mes reims ; mais j'aurois eu mauvaife grace à m'en plaindre, puifque le mouvement qu'elle me fit faire tourna au profit de l'Amour, la Marquife reçut le contre-coup.

CHAPITRE X.

Boudoirs des Femmes fortes.

J'ENTENDS par Femmes fortes, non ces bégueules qui, fieres de savoir quatre mots de Latin ou de Grec, d'avoir surtout nombre de Pédans à leur table, arborent l'étendard de la Philosophie pour jouer un rôle dans le monde en dépit de leur laideur. Les véritables Femmes fortes, selon moi, sont celles qui, favorisées par la Nature, ont reçu de ses bienfaisantes mains une ame brûlante, un cœur de feu ; il en est beaucoup, dit-on, je le crois, mais je n'en connois à fond qu'un très-petit nombre. Pourquoi cela, allez-vous me demander ? Oh, pourquoi ! Parce qu'une fortune ordinaire est bientôt épuisée, si l'on n'a l'art de l'économiser. J'imite ces Joueurs prudens qui, dérangés par quelque fortes parties de Cavagnol ou de Vingt-un, ne vont plus que dans les maisons où l'on s'amuse d'un petit jeu de commerce.

Madame de..... Femme forte, s'il en fut jamais, n'a pas de Boudoir d'hiver, ou pour mieux dire, il est partout; dans l'embrâsure d'une fenêtre, dans une garderobe, sur un escalier ; tout lui est égal. Pour celui d'été, je le connois ; & l'on peut dire, à l'éloge de la Dame, qu'il n'est point fastueux. Il est tout uniment au bout de son jardin, dans un labyrinte de charmille, où elle a fait élever, sur un piédestal un Priape de bronze. Elle a pendant long-tems imité la fille de César. Elle plaçoit sur la tête du Dieu des Jardins une couronne, toutes les fois qu'il étoit témoin d'une de ses bonnes fortunes;

mais faisant réflexion que la charmille seroit dégarnie continuellement, elle ne lui fait plus hommage que d'une feuille.

Le Cabinet de la Marquise de..... est aussi de ma connoissance. Elle y est peinte en Déjanire ; elle est entre les bras d'Hercule. D'une main elle se joue avec l'énorme massue du Héros, de l'autre elle fait signe aux cinquante Danaïdes de se retirer. Sa fiere contenance semble leur dire qu'elle seule les remplacera.

La grosse Comtesse de..... est encore peinte dans son Cabinet favori. Ce tableau représente Vénus à sa toilette, entourée de Plutus, d'A-donis, de Mars, enfin de tous ses ado-rateurs. Ils ont l'air satisfait ; la Di-vinité seule paroît mécontente. Le desir se peint dans ses yeux, & elle se tourne avec vivacité vers Mercure, qui, sous les traits du Chevalier de .... entre en cachant plusieurs billets doux.

La Baronne de ..... n'a d'autre Boudoir que sa galerie. Tout le monde sait qu'à la mort du fameux Maréchal de ..... elle a porté dix-sept jours le deuil, en mémoire d'autant de tendres complimens qu'il lui adressa dans douze heures. Aussi a-t-elle fait mettre au-dessus de son sopha le buste de ce Héros en tout genre. Il porte dans ses mains un cadran, & du bout de sa fleche l'Amour marque cinq. On lit autour en lettres d'or: *Bel exemple à suivre!*

La Dame faisoit un jour admirer le Maréchal à un Gascon, & la larme à l'œil ne tarissoit pas sur l'éloge de sa bravoure. Elle montroit le cadran comme une preuve incontestable. L'habitant de la Garonne essaya de

la confoler , & lui promit de furpaf-
fer le Héros qu'elle regrettoit. Elle
étoit intéreffée à foutenir la gloire
du défunt , & à rabaiffer l'orgueil
d'un audacieux ; le défi fut tout de
fuite donné & accepté. Vous vous
doutez bien que la Dame gagna;
mais Dieux ! comment ? Elle triom-
pha fi bien , que fon front eut à rougir de fa victoire. Elle effuya l'affront
le plus cruel ! le plus impardonnable !
Elle s'en plaignit hautement, jura
de deshonorer fon adverfaire, qui lui
répondit effrontément : « Mada-
» me , vous aviez quatorze ans
» quand le Maréchal , aidé de vos
» charmes & de votre jeuneffe , fe
» fignala fi bien. Eh donc ! tâchez
» de reprendre vos premiers attraits,
» & vous verrez alors ; fandis ! vous
» verrez quel homme eft le Cheva-

» lier de Ventillac ! Vous avez vu
» jouer le Galant Coureur ? Eh
» bien ! je reſſemble au Héros de la
» Piece , je vais bien ou mal ſelon
» la beauté du terrein. »

CHAPITRE XI.

Boudoirs consacrés à l'intérêt.

Oh, pour le coup ! nous dit le Président, je ne tarirois pas si je voulois vous peindre tous les réduits qui respirent l'intérêt : j'en ai vu bon nombre : mes créanciers en savent quelque chose.

Je ne vous parlerai pas des Boudoirs de ces petites Filles, qui, pour imiter les grandes Dames, & afficher des connoissances qu'elles ne possédent pas, ont la fureur des livres, des estampes ou des coquillages ; l'entrée n'en coûte pas beaucoup ; pourvu qu'on arrive avec un livre bien relié, une image encadrée, une écaille d'huitre tournée singulierement ; la Divinité qui , comme je l'ai dit , ne se connoît à rien , ne vous chicanne pas sur la valeur réelle de l'offrande , vous admet à son culte , & vous ouvre le sanctuaire.

Le cabinet de la petite Mimi est agréable. Il est orné de deux tableaux excellents. L'un représente la Métamorphose de Jupiter en pluie d'or. On y voit Danaé voluptueusement renversée sur son lit , le sein découvert , la bouche & les mains ouvertes pour ne rien perdre des faveurs du Dieu. Le second tableau est la Parodie du premier ; Mimi y est peinte à peu près dans le deshabillé de la fille d'Acrise. Un Milord est à ses pieds. D'une main elle lui fait remarquer la brillante Métamorphose du souverain des Dieux ; de l'autre elle semble soulever la toile qui cache les trois quarts de ses charmes,

que

que pour y recevoir les guinées que l'Anglois laisse tomber. Le cabinet est joli comme vous voyez ; mais la vue en est chere, puisqu'on ne peut y entrer sans imiter Jupiter ou l'Anglois.

Le réduit amoureux de Sophie est moins gai, mais aussi ruineux. Comme ses dépenses excessives ont épuisé ses ressources, & lassé ses Créanciers ; qu'elle a été obligée de se retirer dans un endroit privilégié, & qu'elle n'ose en sortir crainte d'être arrêtée, son cabinet est tapissé avec les *Sentences* qu'on a obtenues contre elle. Aucun de ses adorateurs ne peut espérer de la fléchir, sans avoir au préalable enlevé un des *papiers timbrés*, & sans avoir en même tems payé la somme à laquelle *ladite Demoiselle a été condamnée par ladite sentence, pour les causes y portées, sans préjudice des intérêts, frais, dépens*, &c. Je fus contraint par corps à payer le mémoire de fon Herboriste ; c'étoit le moindre , il étoit taxé à cent louis ; l'article feul du cerfeuil montait à huit cent livres.

J'ai encore fréquenté chez la fameufe Victoire , & chez fa fœur. Leurs cabinets n'ont rien de merveilleux ; ils peignent cependant bien le caractere des Princeffes. L'aînée eft repréfentée fous la figure d'Attalante ceffant de fuir fon amant pour ramaffer des pommes d'or. La cadette eft peinte en Baftienne , elle tient un papier de mufique , fur lequel font écrits en très-gros caracteres & très-lifibles , ces Vers que chantoit avec tant de grace la femme de l'Anacréon François.

> A Paris la Richeffe
> Se donne à la Jeuneffe ,
> Et pour en ramaffer
> Il ne faut que fe baiffer.

(99)

Le réduit de la Marquise de....
semble d'abord annoncer la volupté
seule : ne vous y fiez pas, c'est un
imposteur. Il est entouré de glaces,
de sorte que la Marquise ne peut
faire un geste, sans que ses graces
multipliées à l'infini, ne causent la
plus vive des sensations. Deux petits
Amours soutiennent les rideaux qui
couronnent la niche où est le sopha ;
mais du petit bout du doigt seulement, & comme pour dire qu'un
rien peut les faire tomber. Un troisieme Amour avec une couronne de
myrthe à la main, semble vous
agacer en vous la présentant. Rien
ne seroit plus charmant, si une mau-
dite table de jeu qui figure toujours
dans le milieu de ce cabinet délicieux,
n'en détruisoit, selon moi, toutes les
beautés. Il faut absolument faire la
partie de Madame, qui a l'heureuse

habitude de gagner presque toujours. Si quelques fois le sort triomphe de son adresse, ses doigts profitent de la distraction que ses beaux yeux vous donnent. Je la surpris un jour qui faisoit tout doucement passer mes fiches de son côté. Je la pris sur le fait ; je m'écriai tendrement : Belle main , laissez ma boîte , prenez mon cœur ! Dès ce moment je fus disgracié , & je passai pour un impoli qui ne connoissoit pas les droits du beau sexe.

Vous connoissez tous la belle Sophie. Quelques personnes la placent au rang des femmes fortes , quelques autres dans la classe des beautés voluptueuses ; pour moi, je sais qu'en femme sensée , elle ne satisfait ses goûts & ses caprices que lorsqu'elle est tranquille du côté de l'intérêt. Ce Dieu regne de préférence dans son cœur, & lui vaut une place dans ce chapitre. Un tableau qui est dans son Boudoir, & que le Peintre a malignement imaginé d'après les aventures & le caractere de la Dame, va vous la peindre entierement.

Sophie est représentée devant son pupitre pinçant la Guitarre, un Militaire est à sa droite donnant du Cor, un petit Abbé occupe la gauche avec sa Flûte, & un Financier est vis-à-vis jouant de la poche. On lit sur le haut du papier de musique : *Concert à trois.*

Le lourd Midas, qui avoit demandé à l'Appelle moderne un tableau de fantaisie, a payé fort cherement celui-ci, sans en avoir jamais deviné l'allégorie ; le Militaire, l'Abbé, & la Belle n'ont eu garde de l'instruire.

Oh parbleu ! j'allois oublier le Boudoir de Rosalie. Il est assez simplement décoré ; mais on y voit à côté du meuble le plus conféquent, un bufte de carton, qui repréfente l'Amour vêtu en quinze-vingt. On n'a pas oublié la petite taffe ; tout le monde eft obligé d'y mettre, fans quoi la Prêtreffe, qui n'eft pas aveugle comme le Dieu, vous boude.

Il eft arrivé à ce fujet une hiftoire que je vais vous raconter. Le Héros eft un Suiffe d'une taille & d'une groffeur démefurée. Un jour, au fortir d'un grand repas, il voit notre belle, pouffe quelques hoquets en guife de foupirs, fait brufquement fa tendre déclaration ; on le conduit dans le cabinet myfterieux ; on lui fait remarquer le petit Dieu ; il fourit de l'idée ; on lui montre la taffe de l'aveugle ; il demande pourquoi il la porte ? on le lui explique. Comme il n'entendoit pas le François, on eut toutes les peines du monde à lui faire comprendre qu'à moins de douze louis le petit Dieu ne lui seroit pas favorable.

Le Suisse, tout en trouvant que le petit *l'Amour étoit pien cher*, paye son poste ; en prend possession ; y plante l'étendart, & s'y endort. La Belle, peu faite à un poids aussi lourd & aussi immobile, veut s'en débarrasser, s'agite de son mieux, peste ; crie, ménace ; peine perdue ! Elle alloit enfin étouffer, quand l'énorme masse, en se réveillant, lui adresse ces paroles : « *Montame, fous point* » *faire tant de tapage. Moi l'y être* » *perché pour mon l'argent à moi,* » *moi afoir donné douze louis à fous* » *pour monter, moi en fouloir le* » *double pour moi descendre.*

Peignez-vous la situation de la pauvre Rosalie. Intéressée comme l'est la Princesse, elle ne savoit trop si elle étoufferoit bravement sous son fardeau, ou si elle perdroit vingt-quatre louis. Le Suisse généreux vit son embarras, & se contenta de la somme qu'il lui avoit donnée. Elle la lui rendit, bien désesperée de renverser le proverbe & d'être obligée de dire, *un Suisse & point d'argent.* Elle jura dès ce moment une haine éternelle aux Treize Cantons. On prétend même qu'elle a poussé l'animosité jusqu'au point de cabaler contre la Tragédie de Guillaume Tell.

Le Président termina là l'histoire de ses voyages. Nous examinâmes de nouveau son cabinet. Nous lui donnâmes la préférence sur tous ceux que son propriétaire nous avoit peints ; nous louâmes beaucoup sa simplicité ; le sopha qui l'entoure

nous parut fur-tout très-commode ,
& nos compagnes firent un cri de
joie. Vous en devinez fans doute la
raifon ? En tout cas vous allez l'apprendre dans le chapitre fuivant ,
qui fera le dernier. Du moins , je
l'efpère. Je l'efpere auffi , s'écriera
peut être quelque lecteur malin. Qui
ne donneroit pas ce bon mot pour
toutes les Epigrammes de Martial !

CHAPITRE XII.

L'Amour est un futé matois.

LE Cabinet de l'Aurore fit son
effet, nous rajeunîmes comme Titon. Nos Divinités, qui s'en apper-
çurent, en poussèrent, comme je
l'ai dit, des cris de joie. Les frip-
ponnes se doutoient bien que nous
vieillirions de nouveau dans leurs
bras.

En effet, nous brûlions tous d'a-
voir quelque lustre de plus. Le Président partageoit nos desirs ; il tira
un rideau qui, servant de nuage à
la Lune, mit l'Amour à son aise :
ce Dieu fit, dans l'obscurité, une
ample moisson, & s'endormit enfin
sur les mirthes qu'il venoit de cueillir. Hélas ! il étoit loin de croire

que la dévotion viendroit le ré-
veiller.

On se rappelle sans doute notre aventure chez le Commissaire.
On a vu que nous l'avions plaisanté;
mais après notre départ, comme les
Moines connoissent tout le monde,
celui que nous avions si mal à propos arrêté dans sa course, donna nos
noms & nos demeures; il obtint à
ce prix la liberté de Manon & la
sienne. Le Commissaire, piqué que
nous eussions osé rire de la liaison
amoureuse qui regnoit entre lui,
le Moine, Manon, sa femme, le
Clerc, la Servante, son Valet & le
Sergent du Guet, fut porter plainte
au pere de Persac.

D'un autre côté, le Révérend Moine
se trouvoit le Directeur de la vieille
Parente de notre Président; il alla lui
dire, que chargé par une de ses Pé-

nitentes, de fauver l'honneur d'une famille refpectable, en conduifant une jeune perfonne, qui avoit fait un faux pas chez une de fes parentes, M. de Perfac, accompagné de deux ou trois libertins, l'avoit forcé d'aller chez un Commiffaire révéler au grand jour la honte de la Demoifelle déguifée en Abbé, & qu'il avoit en même tems expofé fa démarche, toute honnête, toute charitable, à des malignes interprétations.

Ce n'eft pas tout. On doit fe fouvenir encore des menaces de la Danfeufe. « Je vais, nous avoit-elle dit, » parler à des perfonnes qui viendront » troubler vos plaifirs. » Elle part, guidée par la vengeance : en traverfant le Boulevard elle rencontre la Bouquetiere, lui fait part de fes chagrins & de fes projets, apprend d'elle

le nom de la rue où loge le pere de
Perſac, y vole, trouve le vieux Préſident & ſa parente gémiſſants tous
les deux ſur le ſort d'un malheureux jeune homme qui ſe damne,
leur indique le théâtre de ſes plaiſirs;
ceux-ci montent en carroſſe, arrivent, percent juſques dans le cabinet
où nous dormions tranquillement;
& dévoilant la Lune, voyent nos
diverſes attitudes. Nous nous étions
preſque tous débarraſſés de nos robes,
ainſi le tableau ne devoit pas etre
édifiant.

La petite Marchande, connoiſſeuſe
en bijoux, avoit porté la main du
Chevalier ſur les plus précieux. L'Actrice me prenoit encore pour Charmant. La Diane ſe trouvoit dans les
bras du Préſident : elle vouloit bien
faire voir qu'elle étoit la Déeſſe des
Bois & de la Chaſſe, puiſqu'elle

avoit fa main droite fur un javelot
toujours fûr de fes coups, & l'autre
fur le taillis délicieux où fe font les
chaffes les plus agréables.

A ce fpectacle les deux Dévots firent
plufieurs fignes de croix, & nous éveil-
lerent en nous donnant pieufement à
tous les Diables. Nous détalâmes fans
dire mot, croyant avoir les deux
rabat-joie fur nos pas; cependant nous
avions déjà pris nos habits, qu'ils ne
paroiffoient point. Je fuis perdu, s'é-
cria douloureufement le Préfident;
fans doute qu'ils brifent & caffent
tout dans mon Cabinet. Nous y courûmes; nous regardâmes à travers la
ferrure, & nous vîmes qu'au lieu
d'en détruire les beautés, ils étoient
dans la plus plaifante des extafes.....
Ah que l'Amour eft fin !

M. le Préfident, difoit la vieille
Dévote en touffant, voyez, voyez

comme ces maudits renégats , ces
libertins, ces infâmes pouffent la fen-
fualité jufqu'au dernier point. Ref-
pirez un peu l'odeur fuave que ces
fleurs exhalent. Contemplez ce plafond , ce parquet. Oh Dieux ! quelle
imagination diabolique ! Tout en
difant cela elle paffoit fes bras dans
une des robes que nous avions laif-
fées , & dérangeoit l'énorme perruque du Préfident en chargeant fes
épaules d'un carquois. Que dites-
vous , continua-t-elle , de cette parure ? Que le Diable même l'a in-
ventée , répondoit le Préfident ; elle
eft tout-à-fait féduifante : je crois
vous voir à l'âge de quinze ans.
Vous êtes auffi tout-à-fait rajeuni ,
pourfuivoit la vieille Sybille, en foupirant d'une façon plaifamment ridicule.

Eh bien ! s'écria le Préfident en

s'asseyant, ne voilà-t-il pas un malheureux sopha tout à fait dangereux?
Voyez comme on l'a fait bas & large!
Reposez-vous y un instant, vous de-
vez être fatiguée. — Comment ne le
serois je pas? Les désordres de votre
fils m'ont si fort tourmentée toute la
journée..... En effet, ce sopha est
bien commode! M. le Président, ce
réduit est trop agréable pour des
profanes; il faut l'enlever à votre fils,
& nous viendrons nous y recueillir,
y faire des méditations. — Oui; mais
si le Diable, accoutumé à y regner,
nous y tend quelque piége. — Il
n'aura garde! Est-ce à des personnes
d'une sagesse si bien éprouvée, qu'il
osera se jouer? Il seroit trop certain
de ne pas triompher. — Madame, il
est bien malin! & je sens qu'il me
tente déjà. Vos charmes, relevés par
cette parure, font sur moi un effet

ſi ſurprenant ! ——Eh non ! vous dis-je.
D'ailleurs, je ſaurois bien le repouſ-
ſer. Ce ne ſeroit pas la premiere fois.
—— Repouſſez-le donc , Madame. Je
le ſens, je le vois ; le voilà triomphant.
—— Bon ! bon ! vous plaiſantez. Je
voudrois bien voir cela. —— Voyez
donc ! voyez donc vîte ! Il n'eſt pas
beſoin que vous preniez vos lunettes.
—— Fi , M. le Préſident ! Vous êtes
un réprouvé , un pervers ! Finiſſez
donc ! Que voulez-vous faire ? —— Suc-
comber à la tentation, c'eſt un moyen
excellent pour n'être plus tenté. ——
Vous me ſcandaliſez furieuſement,
M. le Préſident.... ; mais continuez....
vous êtes ſi fort poſſédé du Démon ,
que vous vous adreſſeriez peut-être
à quelque mondaine qui ne vous
garderoit pas le ſecret..... cauſe-
roit du ſcandale ..... & feroit diſ-
paroître votre réputation d'homme

pieux. . . . . il faut avoir de la charité pour son prochain . . . . Dieu nous l'ordonne. — C'est très-bien dit! D'ailleurs, j'ai fait tant de bonnes œuvres, que le Ciel seroit injuste s'il ne me pardonnoit pas une malheureuse petite foiblesse. Ils se turent, & prouverent qu'ils avoient effectivement le Diable au corps : ils faisoient des mines d. possédé.

Saturne & Cibelle, ridiculement ornés de la parure d'Hébé, font cahin caha une scène amoureuse ; & l'Amour, qui jadis avoit été très-souvent bercé sur les genoux de la Dame, s'en éloigne à tire-d'aîle, crainte d'y trouver présentement son tombeau.

Nous partîmes tous d'un grand éclat de rire, & nous déconcertâmes si bien les vieux Amans, qu'ils n'ont plus osé gronder notre aimable Préfident. Nous montâmes en carroffe fans favoir ou paffer le refte de la foirée ; il n'étoit que deux heures après minuit. Heureufement il y avoit encore du monde aux Comédiens de Bois : nous y trouvâmes toutes les Femmes dont la Bouquetiere nous avoit raconté l'hiftoire : nous voulûmes les railler ; mais la Danfeufe avoit déjà publié fa vengeance, & nous fûmes fi bien perfifflés, que nous jugeâmes à propos de nous retirer. En paffant devant la porte de notre Commiffaire, nous y vîmes, à la clarté de nos flambeaux, une femme qui parloit de très-près à un homme: nous ne pûmes diftinguer fi c'étoit la Dame & le Clerc, ou bien la Cuifiniere avec le Laquais ou le Sergent. Nous entendîmes très-diftinctement le Perroquet , qui dans la journée ayant fans doute entendu prononcer nos noms très-fouvent , les répétoit en riant de toutes fes forces.

Fin de la Seconde & derniere Partie.

POST-FACE.

Le Président s'étoit très-bien apperçu que la Comtesse avoit eu des distractions & de l'humeur pendant la lecture. Il lui demanda si l'Ouvrage lui déplaisoit? « Non, dit-elle froide-
» ment, c'est une bagatelle,
» une petite folie assez drôle.
» J'aime sur-tout que l'Abbé,
» exact sur les bienséances,
» ait eu soin de ne pas blesser
» les oreilles par un seul mot
» indécent. C'est mon foible à
» moi que la décence. Sans la

» décence rien ne me paroît

» bon ». Pour moi, ajouta le

Préfident, je viens de voir

dans cet Ouvrage un grand

défaut, que je n'avois pas d'a-

bord remarqué. Il m'avoit paru

tout-à-fait découfu, & digne

de la plume de nos plus grands

efprits; point du tout! On voit

que l'Auteur a vifé en fecret

à l'ennuieufe fimétrie. S'il avoit

cette ridicule prétention, que

ne ramenoit-il fur la Scene

Saint Val & fa vertueufe

Epoufe?

Ah! Perfac, s'écria la Da-

me, laiffez de grace en paix

le perfide Saint Val & l'infor-

tunée qui est enchaînée à son
sort. —— Quoi, Madame ! la
connoîtriez-vous ? —— Hélas !
cette Epouse tendre, sensible,
vertueuse, qu'il a oubliée, qu'il
a trahie lâchement, pour une
vile créature. —— Eh bien ?
—— Vous la voyez devant vous.
—— Est - il possible ! Je vous
avoue, Madame, que je ne
m'y attendois pas : —— Un homme lié par des saints nœuds à
une femme respectable, qui
l'aime, qui l'adore, qui ne
vit que pour lui, peut-il se résoudre à lui faire des infidélités
dans un pays où elles sont si
dangereuses ? Et avec qui en-

core ? Je suis outrée ! furieuse ! Euh le monstre d'ingratitude ! —Ah Madame ! comme votre conduite fait bien la critique de la sienne. Vengez-vous, Madame, vengez-vous bien vîte. Il le mérite. —— Non, laissez-moi mon cher Persac. N'abusez pas d'un moment où le dépit, la colere me feroient consentir à des choses qui…… Persac….. Monsieur le Président…. Persac…. Monsieur le Président…… que faites vous ? —— Vous le voyez, Madame, je travaille à vous venger…. Vous êtes vengée.

La Comtesse déclama encore

contre

contre son Epoux ; le Président la vengea encore. Elle trouva goût à la vengeance, & alloit continuer à se plaindre de son perfide, quand le Président lui dit, très-sérieusement : « Ma- » dame, je conçois qu'il est » doux à un cœur offensé de » se venger ; mais il est quel- » quefois aussi beau de pardon- » ner », & il disparut. La Dame peu satisfaite de l'éloquence de son vengeur, fut en cher- cher des plus déterminés au Waux-Hall. Une honnête fem- me une fois révoltée est vindi- cative comme tous les Diables.

N'a pas pourtant un honesta qui veut. *Belphégor.*
LA FONTAINE.

TABLE

DES CHAPITRES

Contenus dans la Seconde Partie.

Fin de la Table.